Was denkt Gott?

Rabbi Marc Gellman

Was denkt Gott?

Geschichten über Geschichten aus der Bibel

Aus dem Englischen von
Christa Broermann

CARLSEN

Für die Kinder meiner Kindeskinder, damit sie außer der Farbe meiner Augen noch etwas anderes von mir erben.

1 2 3 00 99 98

Originalverlag: William Morrow and Company, Inc., New York
Originaltitel: GOD'S MAILBOX: More Stories about Stories in the Bible.
German translation rights arranged with Sheldon Fogelman.
Einbandgestaltung: Dieter Wiesmüller
Satz: Dörlemann Satz, Lemförde
Druck und Bindung: Pustet, Regensburg
ISBN 3-551-58021-9
Printed in Germany

Inhalt

Ein Wort des Dankes

An Rabbi David Shapiro, der mich den *Midrasch* lehrte und alles andere auch.

An die Kinder meiner Synagoge, die mir jeden Monat im Familiengottesdienst kichernd allerhand Anregungen für dieses Buch gegeben haben.

An meine liebe Freundin Marilyn Levy, die wusste, dass zwar nichts je gut genug ist, manches aber doch gut genug, dass man es loslassen kann.

An meine Lektoren David Reuther und Ellen Dreyer bei Morrow Junior Books, die den Takt und die Klugheit besaßen, bei der Vorbereitung dieses Buches stets im geeigneten Augenblick zu sagen: »Wahrscheinlich liegt es an mir, aber ich habe keine Ahnung, was Sie an dieser Stelle meinen.«

An Sara Friedlander, die den *Midrasch*, Spukgeschichten und Broadway-Musicals liebt und die als einziger Mensch außer mir den Titel »Ochsensabberbrot« mochte.

An Larry Hurwitz, der genau begriffen hat, wie wichtig moderne Schriftauslegung für eine lebendige Zukunft des Judentums und die Bewahrung der jüdischen Vergangenheit ist, der aber todsicher am Fuß des Berges Sinai auf Mose gewartet, die Hand gehoben und gefragt hätte: »Kommt das auf Diskette?«

An Sheldon Fogelman, der ein unergründlich tiefes und von

Weisheit erfülltes Wissen davon hat, wie man an Thunfisch kommt.

An Betty, die alles sieht, wenig ändert und mich an einen Ort fliegen lässt, an dem alles klar und licht, naiv und erwartungsvoll, sanft und lustig ist, ganz nahe bei Dem Ort …

Vorwort

Dieses Buch enthält lauter Geschichten *über* biblische Geschichten. Nach jeder meiner Geschichten gebe ich an, zu welchem Kapitel und welchen Versen der Bibel sie gehört, damit ihr wisst, von welcher biblischen Geschichte die meinige jeweils handelt.

Einige meiner Geschichten sind lustig. Das ging nicht anders, aber lasst euch nicht täuschen: Ich habe mir Mühe gegeben, in alles Lustige auch etwas Ernstes hineinzupacken. Das ist so ähnlich, als würdet ihr eine Kirsche mit Schokoladenüberzug essen. Zuerst denkt ihr, dass ihr nur ein Stück Schokolade esst, und dann – *hoppla!* – sagt euch euer Mund, dass ihr soeben auch eine Kirsche verspeist habt!

Manche von diesen Geschichten sind lustig und haben eine ernste Kirsche darin, und manche sind ernst mit einer lustigen Kirsche darin. In allen steckt mehr, als ihr denkt, und so ist es bei der Bibel immer. Ihr glaubt vielleicht, einfach nur eine Geschiche über Adam und Eva zu lesen, und dann entdeckt ihr – *hoppla!* – plötzlich, dass es eine große und tiefe Geschichte über alle Männer und alle Frauen ist, die je gelebt haben. So sind die biblischen Geschichten. In jedem Stück Schokolade steckt eine Kirsche.

Damit man Geschichten *über* biblische Geschichten schreiben kann, muss man die Bibel lieben, muss Gott lieben und die

Menschen lieben. Meistens liebe ich alle drei, aber an manchen Tagen komme ich über zwei nicht hinaus. Das sind die Tage, an denen ich an den Menschen verzweifle. Meistens passiert das, wenn ich die Abendnachrichten im Fernsehen gesehen habe. Aber wie auch immer, wenn man die Bibel nicht liebt, will man nicht herausfinden, was all die Geschichten darin wirklich bedeuten. Und wenn man Gott nicht liebt, kann man nicht sehen, dass die Bibel – in geheimnisvoller Weise – Gottes wichtigster Weg war, zu uns zu sprechen. Und wenn man die Menschen nicht liebt, versteht man nicht, dass die Bibel den Menschen zeigt, wie sie am besten lernen können, gut zusammenzuleben. Die Bibel ist wie eine Brille, durch die ich die Welt betrachte. In ihren Geschichten erkenne ich unsere Geschichten. In ihnen allen sehe ich uns alle, und vor allem sehe ich Gott dort und sehe Gott hier.

Ich bin ein Rabbiner, und die ersten Rabbinen, die Geschichten über biblische Geschichten schrieben, nannten sie *Midraschim* (Schriftauslegungen). Die frühen *Midraschim* sind fast so alt wie die Bibel. Also gab es, sobald es eine Bibel gab, auch Geschichten über die biblischen Erzählungen. In der Bibel finden wir unsere besten Geschichten, und obendrein hat sie auch schon immer unsere besten Fragen hervorgebracht. Aus manchen dieser Fragen wurden *Midraschim*, und manche blieben einfach Fragen.

Die Geschichten in diesem Buch sind moderne *Midraschim*. Seit über zwanzig Jahren schreibe und erzähle ich schon moderne *Midraschim*.

Ich hoffe, dieses Buch bringt euch dazu, dass ihr eure eigenen modernen *Midraschim* schreiben wollt. Dazu braucht ihr nur etwas zum Schreiben und ein paar gute Fragen zu den biblischen Geschichten. Das Schreibzeug dürft ihr notfalls verlieren, aber *bitte* verliert eure Fragen nicht. Eure Fragen sind ein Teil jeder biblischen Geschichte. Vielleicht werden eure Antworten auf eure Fragen zu neuen Geschichten über Erzählungen aus der Bibel. Vielleicht lehren sie jemanden etwas über Adam, Eva, Noah, Abraham, Isaak, Jakob, Rebekka, Rahel, Lea oder den brennenden Dornbusch, der nicht verbrannte – zeigen etwas, was noch nie jemand bemerkt hat.

Verliert also eure Fragen über die biblischen Geschichten nicht, denn sie sind wie die Kirsche in der Schokolade. Sie sind der Grund dafür, dass Gott Mose geboten hat, bis auf den Gipfel des Berges Sinai hinaufzuschnaufen und seine Worte für uns alle entgegenzunehmen.

Wenn ich Sänger wäre, würde ich über die Bibel singen. Wenn ich Maler wäre, würde ich Bilder zur Bibel malen. Wenn ich Tänzer wäre, würde ich die Botschaft der Bibel tanzen. Und wenn ich Luftballonmacher wäre, würde ich einen riesengroßen Ballon aufsteigen lassen, auf dem Folgendes steht:

LIES AUF DER STELLE DIE BIBEL! Wenn du es tust, geschieht etwas Tolles. Du wirst Hoffnung finden, wo deine Hoffnung schon tot ist. Du wirst Freude finden, wo du traurig bist. Du wirst Worte finden, die dich lehren, richtig zu leben, wo du nicht das Richtige tust. Du wirst Worte finden, die dir zeigen, wie du langsamer tun kannst, wenn du immer in Hetze bist, und Worte, die dir daran denken helfen, »danke« zu sagen – mindestens doppelt so oft, wie du »ich will« sagst. Und du wirst Geschichten über sprechende Schlangen, große Überschwemmungen, vom Himmel herabfallende Frösche und jede Menge anderer wirklich lustiger und seltsamer und wunderbarer Geschichten finden, die die Menschen schon seit gut viertausend Jahren lieben. (Jawohl, so alt ist die Bibel schon!) GEH ALSO LOS UND FANGE AUF DER STELLE AN, DIE BIBEL ZU LESEN!

Ich weiß, das ist ziemlich viel für einen einzigen Ballon, aber ich habe ja gesagt, er sei riesengroß.

Gott segne uns alle!

Schlag die Kokosnuss

Schlag die Kokosnuss

Adam spielte gerne, und die Tiere im Garten Eden spielten auch gerne, aber die Spiele, die ihnen gefielen, waren verschieden – sehr verschieden!

Die Tiere jagten zum Beispiel gerne zum Vergnügen ihren Schwanz, aber das machte Adam keinen Spaß, weil er keinen Schwanz hatte. Adam spielte gerne »Schlag die Kokosnuss«. Dafür nahm er einen großen Stock und versuchte eine Kokosnuss über die Mauer zu schlagen, die rings um den Garten lief, aber den meisten Tieren machte das keinen Spaß, weil sie keine Hände hatten, mit denen sie einen Stock halten konnten. Außerdem dachten sie, bei diesem Spiel würden herrlich schmeckende Kokosnüsse verschwendet, die man lieber essen als in die Luft schlagen sollte.

Die Tiere spielten gerne »Ich zwicke dich in den Hals«, aber nachdem Adam das einmal mit ein paar Tigern und Bären gemacht hatte, beschloss er, es nie wieder mit irgendeinem Tier zu spielen, das spitze Zähne hatte! Adam schlug gerne mit einem gebogenen Stock einen kleinen weißen Ball in ein Loch im Boden, aber die Tiere fanden dieses Spiel so doof, dass es ihrer Meinung nach nie beliebt werden konnte.

Die Tiere spielten gerne zu zweit »Pack ein Seil mit den Zähnen und zieh«, aber jedes Mal, wenn Adam das mit einem großen, starken Tier spielte, wurde er an den Zähnen im Garten herumgezerrt.

Die Tiere mochten die Spiele, bei denen sie etwas zu futtern bekamen oder etwas jagen oder beißen konnten, und Adam mochte die Spiele, bei denen er etwas schlagen oder fangen oder irgendwohin rennen oder hüpfen konnte. Es gab nur ein einziges Spiel, das Adam und die Tiere gleich gerne mochten. Dieses Spiel hieß »Spring und hüpf herum und stoße Freudenlaute aus, ohne jeden Grund«. Sowohl Adam als auch die Tiere spielten also gerne, aber es war schwierig für sie, zusammen zu spielen.

Gott wusste, woran es fehlte. Gott hatte eine Menge Tiere in den Garten gesetzt, aber nur einen Menschen. Gott wusste, dass Adam sich einsam fühlte. Natürlich gab es einen Grund dafür, dass Gott zunächst nur einen Menschen erschaffen hatte. Gott wollte nicht, dass eine Familie zur anderen sagte: »Meine Familie ist besser als deine.« Gott wollte, dass alle Familien vom gleichen Menschen abstammen, damit sich alle Gott gegenüber in derselben Weise einmalig fühlen können. Das war für Gott ein sehr guter Grund, aber Adam kam dabei schlecht weg, denn wenn er beim Schwanzjagen oder beim Halszwicken nicht mitspielen wollte, musste er ganz alleine spielen. Also beschloss Gott, jemanden zu erschaffen, mit dem Adam spielen konnte. Aber Gott wusste auch, dass es Zeit war, etwas zu ändern.

Am nächsten Morgen wachte Adam auf und schrie: »Autsch!« Die linke Seite tat ihm ganz schön weh.

Gott erklärte Adam, warum: »Adam, dir tut deine linke Seite weh, weil ich letzte Nacht an dieser Stelle etwas aus dir herausgenommen habe, um einen weiteren Menschen, eine Frau, zu erschaffen, die den Garten mit dir teilen wird. Ich habe sie aus einer deiner Rippen gemacht, damit ihr nicht darüber streitet, wer von euch beiden besser ist. Ich möchte, dass alle Menschen immer daran denken, dass sie von dir abstammen und dass ich dich erschaffen habe. Das alles habe ich gemacht, damit du und die Frau eine Familie gründen und Kinder bekommen könnt, so dass ich die Menschen nicht durchweg selber machen muss. Und vor allem habe ich es gemacht, damit du nicht mehr einsam bist.«

»Wo ist dieser Mensch?«, fragte Adam und rieb sich die Seite, aber Gott hatte schon zu Ende gesprochen. Adam suchte den ganzen Garten ab, um den anderen Menschen zu finden, aber er fand nur Tiere, die ihn in den Hals zwicken wollten.

Im Laufe des Tages verschwand der Schmerz in Adams Brustkorb, und schließlich vergaß er sogar, dass er ihm überhaupt wehgetan hatte. Am Nachmittag ging er hinaus aufs freie Feld, um ein bisschen »Schlag die Kokosnuss« zu spielen, und wie üblich wollte keines der Tiere mitspielen. Also spielte Adam eben wieder alleine. Er packte seinen Lieblingsstock, warf eine schöne, große Kokosnuss in die Luft und holte dann weit zum Schlag aus. Zack! Er hatte getroffen. Die Kokosnuss schoss in den Himmel hinauf, aber gerade, als sie über die Gartenmauer verschwinden wollte, reckte sich eine Hand aus dem Gebüsch hoch und fing die Kokosnuss! Adam traute seinen Augen nicht.

»Guter Treffer!«, rief eine Stimme von weit her. Es war nicht die Stimme eines Elefanten. Es war nicht die Stimme eines Affen. Es war nicht die Stimme eines Nilpferds. Es war eine Stimme wie die seine, nur ein bisschen höher und ein bisschen leiser.

»Wer ist da vorne?«, rief Adam. Da sah Adam, dass zu der Stimme eine Hand gehörte und zu der Hand ein Mensch. Es war der andere Mensch! Dieser Mensch sah so ähnlich aus wie er, nur hatte er längere Haare und Kurven, wo er selbst eckig war. Adam war auf der Stelle glücklich.

Der andere Mensch überreichte ihm die Kokosnuss, und Adam sagte: »Danke schön.«

Der andere Mensch sagte: »Bitte sehr.«

Adam fragte: »Wie ist dein Name?«

Der andere Mensch sagte: »Was ist ein Name?«

Adam erklärte: »Ein Name ist ein Wort, das wir benutzen können, um einander zu finden. Mein Name ist Adam, denn das bedeutet ›rote Erde‹, wie Gott mir gesagt hat. Aus roter Erde hat Gott mich gemacht. Wenn du mich nicht findest, brauchst du nur meinen Namen zu rufen, und ganz gleich, wo ich bin, renne ich sofort los und suche dich.«

»Woraus hat Gott mich gemacht?«, fragte der andere Mensch.

»Gott hat dich aus einer meiner Rippen gemacht«, antwortete Adam.

»Gut, dann sollte ich vielleicht Rippa heißen«, meinte der andere Mensch.

»Rippa ist ein guter Name«, fand Adam.

»Bringst du mir bei, wie man Kokosnüsse in die Luft schlägt?«, fragte Rippa.

»Klar!«, erwiderte Adam.

Adam war ganz begeistert, als er merkte, dass Rippa genauso gerne spielte wie er selbst. Und das Allerbeste war, dass sie dieselben Spiele mochte wie er, bis auf das Spiel, bei dem man mit einem gebogenen Stock einen kleinen weißen Ball in ein Loch im Boden zu schlagen versucht. Rippa fand, wie die Tiere, das sei ein so dummes Spiel, dass niemand jemals daran Gefallen finden würde.

Adam und Rippa spielten den ganzen restlichen Tag »Schlag

die Kokosnuss«. Dann erschienen nach und nach alle Tiere des Gartens auf dem freien Feld, um den neuen Menschen zu begrüßen, den Gott in den Garten gesetzt hatte. Die Tiere waren ein bisschen enttäuscht, dass das Geschöpf keinen Schwanz hatte, aber sie mochten es, und es mochte sie.

Als die Sonne hinter der Mauer um den Garten versank, taten sich Adam und Rippa und alle Tiere des Gartens Edens zusammen und spielten gemeinsam das, was ihnen am meisten Spaß machte: »Herumspringen und hüpfen und Freudenlaute ausstoßen, ohne jeden Grund«. Allerdings gab es an diesem Tag viele Gründe, fröhlich zu sein.

Nachdem Adam und Rippa den Garten Eden verlassen hatten, bekam Rippa Kinder, und deshalb nannte Adam sie nun Eva, das heißt »Mutter aller Lebendigen«, wie Gott ihnen sagte. Rippa gefiel der Name Eva. Aber das Wichtigste war den beiden nicht ihr Name. Das Wichtigste war, dass sie nicht einsam waren, weil sie jemanden zum Liebhaben hatten.

Das erste Buch Mose 2, 18–22

Wenn du zitterst, kuschle dich an einen Bären!

Adam und Eva waren ein bisschen dumm, aber sie konnten nichts dafür. Weil beide direkt von Gott geschaffen waren, hatten sie keine Mutter und keinen Vater, die ihnen die wichtigen Dinge beibrachten. Manchmal bleiben auch Menschen, die mit Vater und Mutter aufwachsen, dumm, weil sie nicht auf ihre Eltern hören, aber Adam und Eva hatten gar keine Möglichkeit dazu.

Adam und Eva hatten niemanden, der ihnen beibrachte, mit geschlossenem Mund zu kauen, niemanden, der ihnen zeigte, wie man Rad fährt, niemanden, der ihnen erklärte, wie man eine Packung Cornflakes aufmacht, niemanden, der ihnen zeigte, wie man sich im Auto anschnallt, und niemanden, der sie daran erinnerte, nach links und nach rechts zu schauen, ehe sie eine Straße überquerten. Adam und Eva hatten niemanden, der ihnen die Schnürsenkel band oder ihnen an kalten Tagen ein Tuch um den Hals wickelte, wenn sie in den Garten gingen. Sie hatten niemanden, der sie abends im Bett warm zudeckte, niemanden, der ihnen etwas vorsang, und niemanden, der ihnen Gutenachtgeschichten erzählte. Und sie hatten auch niemanden, den sie mitten in der Nacht um ein Glas Wasser bitten konnten, wenn sie eigentlich gar kein Glas Wasser wollten, sondern jemanden, zu dem sie ins Bett schlüpfen konnten, damit das Monster, das bestimmt unter ihrem Bett lauerte, sie nicht beißen konnte. Adam und Eva mussten alles ganz alleine herausfinden.

Es fing schon am allerersten Tag an, an dem Gott sie geschaffen hatte. Adam hatte ein merkwürdiges Gefühl im Bauch. Er fragte Eva, ob sie sich wohl fühle, aber sie sagte: »In mir tut auch etwas weh. Ich frage mich, was los ist.« Dann sahen sie einen Affen, der eine Banane fraß. »Vielleicht sollten wir das auch tun«, meinte Eva. Also aßen sie beide ein paar Bananen, und der Schmerz in ihrem Bauch verschwand. Sie merkten sehr schnell, dass essen ein guter Weg war, das hohle Gefühl im Bauch loszuwerden. Das Essen machte ihnen Spaß, also aßen sie noch ein paar Birnen und Äpfel, ein paar Orangen, mehrere Mangos, ein oder zwei Papayas, reichlich Ananas und eine große Portion Kokosnüsse. Daraufhin stießen beide tüchtig auf.

Adam sagte: »Ich hab's! Wenn wir das schmerzhafte Gefühl im Bauch bekommen, müssen wir essen, bis wir aufstoßen.«

Dann fing es im Garten Eden an zu regnen. Adam und Eva hatten keine Ahnung, was Regen war. Sie standen einfach da, schauten in den grauen Himmel hinauf, wurden tropfnass und wussten nicht, was sie tun sollten. »Der Himmel ist undicht!«, sagte Adam zu Eva.

Dann sahen sie einen riesigen Elefanten. Der Elefant war so groß, dass es unter ihm trocken war. Adam und Eva rannten zu dem Elefanten, stellten sich unter und wurden nicht mehr nass.

Eva sagte: »Ich verstehe. Wenn der Himmel undicht ist, stell dich unter einen Elefanten.«

Im kalten Regen ohne Kleider unter einem Elefanten zu stehen war ein neues Gefühl für Adam und Eva, aber es war kein schönes Gefühl. Sie standen im Trockenen, aber sie zitterten am ganzen Leib. Ihre Fingerspitzen und ihre Zehen konnten sie gar nicht mehr spüren. »Wa-Wa-Was ist denn jetzt los?«, fragte Adam.

»Ich w-w-w-weiß nicht«, sagte Eva. »Vielleicht sind Elefanten gut gegen das Nasswerden, aber nicht so gut gegen das Z-Z-Z-Zittern.«

Im selben Augenblick sahen Adam und Eva einen großen braunen Bären in einer Höhle verschwinden. Sie folgten dem Bären und sahen, dass er sich zu einer großen, pelzigen Kugel zusammenrollte. Sie berührten den Bären, und er fühlte sich so warm und weich an, dass sie sich eng an ihn kuschelten und ganz fest hielten. (Ich habe euch schon gesagt, dass sie ein bisschen dumm waren!) Augenblicklich hörte das Zittern auf. Und bald konnten Adam und Eva ihre Finger und Zehen wieder spüren.

Eva sagte: »Ich verstehe. Wenn du zitterst, kuschle dich an einen Bären!«

Spät am Abend gingen Adam und Eva noch im Garten spazieren. Aber als sie so gingen, fielen ihnen immer wieder die Augen zu, und dann stießen sie gegen Bäume. »Was ist denn jetzt wieder los?«, fragte Eva und gähnte. Da erblickten sie eine Katze, die sich im weichen Gras zusammengerollt hatte. Sie hatte die Augen geschlossen und atmete friedlich. »Das sieht mir gut aus«, sagte Eva. Sie legte sich auch ins Gras, schloss die Augen und atmete ebenfalls bald friedlich.

»Ich verstehe«, sagte Adam zu sich selbst. »Wenn uns die Augen schwer werden und wir fangen an, gegen Bäume zu stoßen, sollen wir uns ins weiche Gras fallen lassen und die Augen ganz schließen.« Und das tat er dann auch, und bald schliefen Adam und Eva tief und fest.

Als Adam am nächsten Morgen die Augen öffnete, fühlte er sich wunderbar frisch, aber als er sich umsah, war Eva verschwunden. Adam hatte keine Ahnung, wo Eva sein könnte. Es war das erste Mal, dass sie voneinander getrennt waren. An diesem Morgen fühlte Adam etwas Neues. Es war ein Schmerz in seinem Inneren, aber es war nicht wie der Schmerz in seinem Bauch, der ihn dazu brachte, zu essen, bis er aufstieß. Es war nicht wie der Schmerz in seinen Zehen, der bewirkte, dass er nach einem Bären suchen wollte, an den er sich kuscheln konnte. Dieser Schmerz war überall in seinem Inneren. Kleine Tropfen salzigen Wassers liefen aus seinen Augen. Adam rief: »Eva, wo bist du? Mir tut es überall weh!«

Aber er konnte Eva noch immer nicht sehen.

Adam sah Froschmütter und Froschväter, die mit ihren kleinen Fröschen quakten. Er sah Affenmütter und Affenväter, die ihren Affenkindern den Pelz lausten. Er sah Elefantenmütter und Elefantenväter, die mit ihren Elefantenbabys Gras fraßen. Er sah Adlermütter und Adlerväter, die zusammen mit ihren Adlerkindern am blauen Himmel ihre Kreise zogen. Wo immer Adam hinsah, erblickte er Familien. Da rief Adam mit einer so kraftvollen Stimme, dass er selber davon überrascht war: »Eva! Du fehlst mir! Ich will nicht allein sein! Ich will bei dir sein! Und ich will, dass auch Kinder zu uns gehören! Ich will eine Familie haben! Ich liebe dich, Eva! Es tut mir ganz tief drinnen weh, wenn du nicht da bist!«

Genau in diesem Augenblick kam Eva aus dem Gebüsch heraus und brachte einen Arm voll Bananen mit. »Du brauchst nicht so zu schreien!«, sagte sie lächelnd. »Ich bin nämlich nicht taub!«

Da sagte Adam: »Ich verstehe! Wenn wir einsam sind, müssen wir auf der Stelle zu jemandem hingehen, den wir lieb haben.« Adam umarmte Eva und sagte: »Ich liebe dich, Eva!«

Eva umarmte Adam und sagte: »Ich liebe dich, Adam!« Und von diesem Augenblick an waren sie nie mehr dumm.

Das erste Buch Mose 2, 21–23

Adam und Raoul

Manche Menschen arbeiten nur die ganze Zeit und ruhen sich nie richtig aus. Einige von ihnen müssen die ganze Zeit arbeiten, weil sie arm sind oder weil sie einen sehr harten Beruf haben, und das ist schlecht. Aber manche Menschen, die die ganze Zeit arbeiten, müssen das gar nicht und tun es trotzdem, und das ist dumm!

Adam war einer von denen, die es kaum erwarten können, morgens aufzustehen und an die Arbeit zu gehen. Er arbeitete den ganzen Tag, jeden Tag und die ganze Zeit. Damit er morgens besonders früh aufstehen konnte, nahm sich Adam einen Hahn namens Raoul zu Hilfe. Raoul war der erste Wecker.

Jeden Morgen wurden alle Tiere von Raouls sehr lautem »Kikeri« geweckt. (Übrigens wissen nur wenige Menschen, dass damals die Hähne nur »Kikeri« rufen konnten. Erst Jahre später lernten sie, »Kikeriki« zu krähen.) Und Raouls Kikeri war nicht nur besonders laut, sondern er flog auch zu jedem einzelnen Tier hin und krähte ihm direkt ins Ohr, so dass es vor Schreck senkrecht in die Luft sprang. Adam liebte das Krähen Raouls, weil es ihm half, ganz früh aufzustehen und besonders lange zu arbeiten, aber die anderen Tiere im Garten Eden waren keine großen Freunde von Raoul. Besonders die Nachttiere hassten Raoul, weil sein Kikeri sie genau dann aufweckte, wenn sie sich gerade für den Tag schlafen gelegt hatten.

Die Eulen und die Waschbären und die Fledermäuse und die anderen Nachttiere baten Adam, er solle Raoul befehlen, den Schnabel zu halten, aber Adam hörte nicht auf sie. Er sagte nur: »Ich muss jetzt arbeiten gehen!« Da beschlossen die Nachttiere, Raoul zu entführen.

In jener Nacht schlich sich der Löwe an Raoul heran, stürzte sich auf ihn und ließ ihn in seinem Maul verschwinden. Aber gerade als der Löwe Raoul hinunterschlucken wollte, wachte Adam auf und schrie den Löwen an: »Gib mir auf der Stelle Raoul wieder heraus!« Da spuckte der Löwe Raoul aus, der daraufhin eilig davonlief. Am nächsten Morgen schlief Adam bis lange nach Sonnenaufgang, und als er aufwachte, war er ganz aus dem Häuschen. »Also so was! Jetzt habe ich zwei Stunden Arbeit versäumt! Wo ist Raoul?« Aber der Hahn Raoul war nirgendwo zu finden. Zuerst dachte Adam, Raoul sei fortgeflogen, aus dem Garten hinaus. Dann dachte Adam, der Löwe habe ihn vielleicht noch ein zweites Mal erwischt und aufgefressen. Adam war ganz aufgelöst. »Wie kann ich jetzt morgens früh aufstehen, wenn Raoul nicht mehr da ist?«

Da kam Gott zu ihm und sagte: »Hör zu, Adam, wir müssen miteinander reden. Ich habe dich stark gemacht und dafür gesorgt, dass du tüchtig arbeiten kannst, und ich freue mich darüber, aber ich habe dich nicht so stark gemacht, dass du die ganze Zeit arbeiten kannst. Du musst auch ausruhen und spielen und lesen und Wege finden, mir für all das Gute zu danken, das ich dir gegeben habe. Ausruhen ist genauso wichtig wie arbeiten. Ich mache dir einen Vorschlag: Du arbeitest sechs Tage lang, so viel du willst, aber am siebten Tag ruhst du aus.«

Adam dachte, einer von sieben Tage ginge vielleicht. Und

dann sagte er zu Gott: »Gut, ich werde es so machen. Aber es gefällt mir bestimmt nicht.«

Gott sagte: »Probier es aus, es wird dir schon gefallen.« Adam probierte es aus. Und es gefiel ihm. Endlich begriff Adam, dass ausruhen etwas sehr Gutes ist.

Nach einigen Tagen war Raoul wieder da. Adam war froh und Raoul war froh und sogar die anderen Tiere im Garten Eden waren froh, denn Raoul hatte, als er fort war, etwas Erstaunliches gelernt. Er hatte gelernt, ganz leise Kikeri zu rufen, so dass er außer Adam niemanden mehr damit weckte. Das war gut für Adam, weil er jetzt wieder sicher wusste, dass er morgens früh aufstehen und arbeiten gehen konnte. Und es war auch gut für Raoul, weil sein leises Kikeri den Löwen nicht mehr weckte, und den Löwen schlafen lassen ist fast genauso gut wie am Sabbat ausruhen.

Das erste Buch Mose 2, 2–3

Was ist heilig?

Adam, Eva und ihren Kindern klarzumachen, was heilig ist, war das Schwerste, was Gott sie lehren musste. Natürlich wusste Gott, was heilig ist, denn Gott *ist* heilig, aber Adam und Eva hatten keine Ahnung. Gott hat es ihnen dann ungefähr so zu erklären versucht:

Gott sagte: »Adam, ich bin ganz und gar heilig, und alles, was ich geschaffen habe, ist teilweise heilig. Von den teilweise heiligen Dingen, die ich geschaffen habe, haben manche einen größeren Anteil an der Heiligkeit und manche einen kleineren. Verstehst du?«

Adam begriff überhaupt nicht, was Gott ihm da sagte, aber er wollte nicht als Dummkopf dastehen, deswegen antwortete er: »Freilich verstehe ich, Gott. Klar! Ich habe genau verstanden, was heilig ist, weil du es mir gerade so gut erklärt hast.« (Adam machte sich bei Gott immer lieb Kind.)

Damals glaubte Gott Adam und brachte ihm gleich noch mehr wichtige Dinge bei, etwa, wie man eine Banane schält, wie man Ameisen aus seinem Essen heraushält und wie lange man nach dem Mittagessen warten muss, bis man wieder schwimmen gehen darf. Darüber, was heilig ist, wurde nie mehr gesprochen, und das war, wie sich später zeigte, ein großer Fehler.

Gott stellte einen Baum in die Mitte des Gartens Eden und

sagte zu Adam, er solle seine Früchte nicht essen, weil der Baum heilig sei. Als Eva kam und von dem Baum essen wollte, sagte ihr Adam, der Baum sei heilig. Eva fragte: »Wie kann ein Baum heilig sein? Blätter tragende Dinge sind nicht heilig. Nur lebende-atmende-sich-bewegende Wesen sind heilig. Das weiß doch jeder!« Also aß Eva, und Adam aß auch, weil er sich nie ganz sicher war, was heilig war und was nicht. Daraufhin warf Gott Adam und Eva aus dem Garten Eden hinaus, weil sie von dem Baum gegessen hatten, von dem sie nach Gottes Gebot nicht hatten essen sollen, und das beweist, dass sie nie richtig begriffen hatten, was heilig ist.

Eines Tages arbeitete Adam auf einem Kornfeld und entdeckte dabei eine Maus, die an einer Ähre knabberte. »Friss mir nicht mein Korn weg!«, rief Adam der Maus zu, die noch nicht gelernt hatte, sich vor den Menschen zu fürchten. Adam hob die Hacke, um die Maus zu erschlagen, aber Eva fiel ihm in den Arm und sagte: »Töte die Maus nicht! Sie ist ein lebendes-atmendes-sich-bewegendes Wesen, und deshalb ist sie heilig.«

Aber Adam sagte: »Lebende-atmende-sich-bewegende Wesen sind nicht heilig. Nur lebende-atmende-sich-bewegende-sprechende Wesen sind heilig.« Dann erschlug Adam die Maus mit der Hacke. Danach machte Gott den Ackerbau schwer für Adam, weil er noch immer nicht begriffen hatte, was heilig ist.

Eines Tages waren Kain und Abel, die beiden Kinder von Adam und Eva, erwachsen und gingen ihrer Arbeit nach. Kain war Bauer, Abel war Schäfer. Für beide war es ein sehr gutes Jahr, daher brachten sie Gott Geschenke, um sich zu bedanken. Kain brachte ein paar alte, verfaulte Früchte und dachte: Ich brauche meine guten Früchte nötiger als Gott. Abel brachte sein bestes Schaf und dachte: Gott ist unser Bestes, also will ich ihm auch mein Bestes geben. Gott nahm nur Abels Geschenk an, und das machte Kain sehr zornig.

Kain packte ein Schwert und ging auf seinen Bruder los, um ihn zu töten, aber Abel schrie: »*Halt!* Töte mich nicht! Ich bin dein Bruder. Ich bin ein lebendes-atmendes-sich-bewegendes-sprechendes Wesen. Ich bin heilig.«

Aber Kain sagte: »Red kein dummes Zeug! Lebende-atmende-sich-bewegende-sprechende Wesen sind nicht heilig, nur lebende-atmende-sich-bewegende-sprechende-mir-nicht-lästige Wesen sind heilig.« Und so tötete Kain seinen Bruder Abel.

Das war das erste Mal, dass ein Mensch einen anderen Menschen tötete, und Gott war sehr zornig. Gott dachte: Nun ist niemand mehr übrig, der weiß, was heilig ist. Ich werde noch einmal von vorn anfangen und die Erde mit neuen Menschen bevölkern müssen, die wissen, was heilig ist. Ich werde die ganze Welt überfluten und einfach noch einmal neu beginnen.

Gott war gerade im Begriff, die große Flut beginnen zu lassen, da sah Gott Noah. Noahs Sohn wollte gerade einen Vogel töten, da schrie Noah ihn an: »Lass den Vogel leben! Der Vogel ist ein lebendiges Wesen, und weil er ein lebendiges Wesen ist, ist er einzigartig wie Gott. Der Vogel ist heilig.«

Ruhiger fuhr er fort: »Sohn, nur Gott ist *ganz und gar* heilig. Alles andere ist teilweise heilig, aber teilweise heilig ist schon genug. Sogar Steine haben einen kleinen Teil Heiligkeit in sich, weil auch die Steine von Gott gemacht wurden. Die Tiere haben einen größeren Teil Heiligkeit in sich als die Steine, weil sie lebendig sind und die Steine nicht. Menschen haben sogar einen noch größeren Teil Heiligkeit in sich als die Steine und die Tiere, weil die Menschen von Gott geschaffen wurden *und* lebendig sind *und* eine Seele haben.

Das heißt, einen Stein kannst du ohne viel Federlesens aufheben und werfen. Aber diesen Vogel darfst du nur töten, wenn du am Verhungern bist und unbedingt etwas zu essen brauchst, und du darfst Menschen nicht verletzen oder töten, wenn sie nicht selber versuchen, dich zu töten, und du kannst nicht weglaufen. Heilig sein ist etwas sehr Gutes, und du solltest alles in der Welt mit Liebe und Achtung behandeln, weil in der Heiligkeit Gott die Welt berührt.«

Auf der Stelle beschloss Gott, Noah und seine Familie zu retten. Gott erkannte, dass es zwar schwer ist, jemandem beizubringen, was heilig ist, und dass es immer Menschen geben wird, die es nicht verstehen, dass es aber auch immer Menschen geben wird, die es doch verstehen, und die brauchen jede Hilfe, die sie bekommen können.

Das erste Buch Mose 3, 1–7, 17; 4, 1–16; 6, 5–8

Gott, weißt du, wie ich mich fühle?

Mitten im Garten Eden stand ein großer Baum, daran hing ein großes, mit fetten Buchstaben beschriebenes Schild: DENKT NICHT EINMAL IM TRAUM DARAN, VON DEN FRÜCHTEN DIESES BAUMES ZU ESSEN. Als Adam und Eva dann trotzdem von den Früchten dieses Baumes aßen, warf Gott sie unverzüglich aus dem Garten hinaus, und das beweist: wenn Gott ein Schild aufhängt, tut man gut daran, es zu lesen!

Das Leben außerhalb des Gartens war schwer. Im Garten Eden trugen die meisten Bäume Früchte, fast alle Tage waren sonnig und die meisten Tiere waren friedlich. Aber außerhalb des Gartens hatten viele Bäume Schädlinge, viele Tage waren kalt, und zahlreiche Tiere wollten Adam und Eva beißen, stechen oder fressen.

Weil sich alles Schwere, Kalte und Bissige *außerhalb* des Gartens befand, war Adam überzeugt, dass Gott nur *innerhalb* des Gartens wohnt. Adam war traurig, dass er nicht mehr in Gottes Nähe lebte, aber an den meisten Tagen hatte er so viel zu tun, dass er nicht zum Traurigsein kam. Adam musste viel Zeit auf den Feldern verbringen, musste pflügen, säen, Unkraut jäten und sich dabei vor den Tieren in Acht nehmen, die stechen oder beißen konnten. Aber immer, wenn Adam nicht arbeitete, war er traurig. Sehr traurig.

Im Garten hatte Adam manchmal den ganzen Tag dagesessen und mit Gott gesprochen. Er sprach zu Gott über den Himmel und das Wasser, über die Berge und Täler. Aber am meisten sprach Adam mit Gott über seine Gefühle. Wenn Adam einen schönen Sonnenuntergang, eine vollkommene Blume, ein zartes Spinnennetz, einen Vogel mit buntem Gefieder oder kleine Fische im Teich sah, öffneten sich Adams Lippen zu einem strahlenden Lächeln, das aus seinen Zehen aufzusteigen schien, sich auf seinem Gesicht ausbreitete und seinen ganzen Körper zum Leuchten brachte. Und dann versuchte Adam Gott zu erklären, wie es sich für ihn anfühlte, wenn er rings um sich her so wunderbare Dinge sah.

Manchmal fand Adam nicht die rechten Worte, um seine Gefühle auszudrücken, und dann warf er einfach die Hände in die Luft und fragte: »Gott, weißt du, wie ich mich fühle?«

Dann antwortete Gott stets mit leiser, ruhiger Stimme: »Ich weiß, wie du dich fühlst.« Dann küsste Gott Adam mit einem Windhauch, und danach gingen beide ihrer Wege, bis sie sich am nächsten Tag wieder trafen. Jetzt, wo Adam außerhalb des Gartens lebte, erinnerte er sich an diese Gespräche mit Gott. Er fürchtete, dass es sie nie mehr geben würde, und er war sehr traurig.

Eines Tages sah Adam draußen auf dem Feld einen schönen Sonnenuntergang. Er war nicht ganz so rot und violett und orange und gelb wie die Sonnenuntergänge im Garten Eden, aber doch ganz hübsch. Und Adam warf die Hände in die Luft und rief in den Himmel hinauf: »Gott, weißt du, wie ich mich fühle?« Aber Adam hörte nichts.

An einem anderen Tag fand Adam eine Blume. Außerhalb des Gartens gab es nicht so viele Blumen, aber diese hier war wunderschön rot mit etwas Gelb in der Mitte. Adam roch an der Blume und lächelte. Dann rief er: »Gott, weißt du, wie ich mich fühle?« Aber noch immer hörte Adam nichts.

Eines Morgens entdeckte Adam ein Spinnennetz, und obwohl es nicht so groß und so kunstvoll war wie die Spinnennetze im Garten Eden, saßen auf den Fäden doch zahllose Tautröpfchen, die in der Morgensonne blitzten. Und Adam rief: »Gott, weißt du, wie ich mich fühle?« Aber Adam hörte nichts.

Eines Tages sah Adam einen Schwarm Gänse über sich hinwegfliegen und rief ihnen zu: »Kommt zurück, Gänse! Sagt mir, wohin ihr wollt. Erzählt mir vom Himmel und vom Fliegen und vom Leben an einem Ort ohne Mauern, dann will ich euch sagen, wie ich mich fühle.« Aber die Gänse kehrten nicht um, und Adam hörte nur noch ihr Schreien, als sie davonflogen und im grauen Himmel verschwanden.

Dann kam Adam eines Tages ans Ufer eines klaren, blauen Teiches. Nahe dem Ufer schwamm ein Schwarm kleiner Fische herum. Adam setzte sich auf einen Stein, vergrub das Gesicht in den Händen und begann zu weinen. Erst war es ein stilles Weinen, aber bald wurde sein ganzer Körper vom Schluchzen geschüttelt, und seine Tränen tropften in den Teich wie Regen. Die kleinen Fische ängstigten sich, sooft eine Träne ins Wasser fiel. Aber sie kamen zurückgeschwommen, sobald die Wasseroberfläche wieder glatt war.

Bald hörte Adam auf zu weinen. Er schaute die Fische an und sagte nichts. In diesem Augenblick kam die Sonne hinter einer Wolke hervor und wärmte sein Gesicht. Ein Windhauch umspielte seine Wangen und trocknete seine Tränen, und ganz plötzlich sagte eine leise, ruhige Stimme: »Ich weiß, wie du dich fühlst.«

»Gott, bist du das?«, fragte Adam. »Wohnst du hier draußen?«

Gott sagte: »Ich wohne überall, wo man mich einlässt.«

»Ich habe dich so viele Male gerufen«, sagte Adam. »Warum hast du mir nicht geantwortet?«

Gott erwiderte: »Ich habe dir immer geantwortet. Aber außerhalb des Gartens Eden musst du ein bisschen aufmerksamer lauschen, um mich zu hören. Hier draußen ist es nicht so still.«

»Ich vermisse den Garten«, sagte Adam.

»Ich weiß, wie du dich fühlst«, sagte Gott. »Es tut mir Leid, dass ich dich hinauswerfen musste. Dort war alles gut, aber vielleicht war es *zu* gut. Der Garten war ein bisschen klein, und du hast für nichts arbeiten müssen. Auch wenn außerhalb des Gartens das Leben schwerer ist, wirst du doch schätzen, was du hast. Außerdem gibt es hier draußen keine Mauern, und du wirst gebraucht, damit alles wachsen und gedeihen kann. Wenn du an einem vollkommenen Ort lebst, ist das vielleicht nicht so gut, wie wenn du an einem Ort lebst, wo du gebraucht wirst. Außerhalb des Gartens können die Kinder deiner Kindeskinder aufwachsen und sich ausbreiten und die große weite Welt bevölkern. Wenn ich es mir genau überlege, bin ich gar nicht so sicher, was besser ist – im Garten Eden zu leben oder außerhalb des Gartens zu leben.«

Da lächelte Adam und sagte zu Gott: »Ich weiß genau, wie du dich fühlst.«

Und Gott küsste Adam mit einem Windhauch.

Das erste Buch Mose 3, 23

Malt die Menschen lila an

Als Gott dabei war, die Welt zu erschaffen, kam Gott immer wieder eine Idee für einen neuen Fisch oder Vogel, ein neues Insekt oder Pelztier. Dann zeichnete Gott einen Entwurf für dieses Geschöpf auf ein Blatt Papier und klemmte es mit einer Wäscheklammer an einem Seil fest. Anschließend ergriffen Engel das Seil und zogen das Blatt Papier in ein großes Gebäude mit vielen Räumen hinab. Über der Eingangstür des Gebäudes hing ein riesiges Schild, auf dem stand: DAS IST DER ORT, AN DEM WIR ALLES MACHEN, WAS GOTT SICH AUSDENKT.

Der erste Raum in dem Gebäude war der Saal der Töne. Hier überlegten sich Engel, die das besonders gut konnten, welche Töne der Fisch oder der Vogel oder das Insekt oder das Pelztier von sich geben sollte. Die Fische und die Insekten teilten sich in die summenden, brummenden, sirrenden und blubbernden Töne, denn es gab so viele verschiedene Arten von Fischen und Insekten in der Welt, dass dann, wenn jede Art ein ganz spezielles Summen, Brummen, Sirren oder Blubbern erhalten hätte, keine Töne mehr für all die vielen Pelztiere und die Vögel übrig gewesen wären.

Den Vögeln und den anderen Tieren, die Laute zugeteilt bekamen, gaben die Engel gerne ein Zwitschern, Trillern, Bellen oder Muhen. Aber auch Brüllen und Heulen waren sehr beliebt. Nachdem die Engel schon eine Menge Gezwitscher,

Getriller, Gebell und Gemuhe, Gebrüll und Geheul ausgeteilt hatten, mussten sie manche dieser Töne mischen. So kommt es, dass einige Tiere ein trillerndes Gezwitscher, ein knurrendes Bellen, ein heulendes Gebrüll und ein Muhen bekamen, das mehr nach einem Huh als nach einem Muh klang.

Wenn die Töne zugeteilt waren, wurde Gottes Entwurf für den Fisch oder Vogel oder das Insekt oder Pelztier wieder an das Seil geklammert und in den Saal der Farben weitergezogen. Dort waren Engel mit Malfarben in allen Schattierungen, die man sich vorstellen kann. Gott überließ es diesen Engeln, im Einzelnen zu entscheiden, welche Farbe jedes Lebewesen erhalten sollte. Solange alles angemalt wurde, war es Gott nicht so wichtig, welche Farben die Engel verwendeten.

Manchmal konnten sich zwei Engel, die dasselbe Tier anmalten, nicht einigen, welche Farbe sie benutzen sollten. So kam das Zebra zu seinen Streifen. Ein Engel meinte, das Zebra solle von Kopf bis Fuß schwarz sein, und ein anderer Engel meinte, es solle ganz und gar weiß sein. Beide malten gleichzeitig an dem Zebra, und deshalb war es am Ende gestreift. Jedes Tier hoffte inständig, dass sich die Malengel nicht stritten, wenn es selbst an der Reihe war.

An Tagen, an denen viele Lebewesen zu bemalen waren, beschlossen die Malengel auch häufig, alles einfach schwarz, grau oder braun zu färben, weil das schnell und leicht ging. Wenn aber an einem Tag nur wenige Entwürfe am Seil entlanggeschwebt kamen, nahmen sich die Malengel Zeit und gerieten in einen richtigen Farbenrausch. Als Gott die Papageien und die tropischen Fische und Schmetterlinge erblickte, wusste er sofort, dass sie alle an einem Tag bemalt worden waren, an dem es im Saal der Farben gemütlich zuging.

Dann kam eines Tages der Entwurf für den ersten Menschen am Seil herab. Alle Engel waren ganz aufgeregt, weil alle wussten, dass das Gottes Lieblingsentwurf war.

Im Saal der Töne brach zwischen den Engeln sofort Streit darüber aus, was für Laute der Mensch von sich geben sollte. »Zu groß zum Zwitschern!«, meinte ein Engel.

»Das ist ein Beller, wie er im Buch steht«, sagte ein anderer.

Und ein dritter erklärte: »Die wildesten Tiere brüllen allesamt. Deshalb sollte dieses Wesen zweifellos brüllen!«

Da wandte sich Gott an die Engel der Töne. »Ich möchte, dass die Menschen, die ich mache, sich um alle Säugetiere und Vögel und Fische kümmern. (Die Insekten kommen allein zurecht.) Warum gebt ihr also meinem Menschen nicht eine Stimme, die auch die Laute *aller anderen* Tiere machen kann?« Und genau das taten die Engel im Saal der Töne. Sie gaben dem Menschen eine so wundervolle Stimme und so gute Ohren und einen so klugen Kopf, dass die Menschen jeden beliebigen Laut von sich geben können, vom bellenden Brüllen über ein jaulendes Geheul bis hin zu einem Muh, das klingt wie ein Huh.

Dann verließ der Entwurf für den ersten Menschen den Saal der Töne und wurde in den Saal der Farben gezogen. Am großen Zeh des ersten Menschen war ein Zettel befestigt, auf dem stand: *Malt dieses Geschöpf mit eurer besten Farbe an, und bitte keinen Streit! In Liebe, Gott.* Aber natürlich begannen sich die Engel im Saal sofort darüber zu streiten, welche Farbe die beste für den ersten Menschen sei.

»Schwarz ist am besten«, rief ein Engel.

»Nein, braun ist am besten«, schrie ein anderer.

Engel mit Pinseln voller Farbe rannten zu dem Menschen hin und versuchten ihn mit ihrer Lieblingsfarbe zu bemalen.

»Rosa!«

»Rot!«

»Gelb!«

»Lila!«

»Lila?«, fragten alle. »Wie kann man einen Menschen nur lila anmalen?«

Der Engel, der Lila mochte, versteckte sich hinter ein paar Farbeimern, denn inzwischen spritzte Farbe im ganzen Saal herum, und an dem ersten Menschen wurde aufs Geratewohl herumgepinselt.

Als das Geschrei nachließ, war der Saal der Farben eine einzige Schweinerei und der erste Mensch wahrlich auch. Niemand spricht gerne davon, weil es so grässlich war. Der erste Mensch stand da und hatte einen schwarzen Arm, ein braunes Bein, einen gelben Zeh, rosa Fußnägel, türkisfarbene Haare und violette Augen – eine schöne Bescherung!

»Ich habe euch doch gesagt, ihr sollt nicht streiten!«, rief Gott mit so lauter Stimme, dass alle Malengel sich blitzschnell hinter ihren Farbeimern verkrochen. »Jetzt habt ihr meinen Lieblingsentwurf für ein Lebewesen mit hundert Farben bekleckst. Wenigstens habt ihr nicht auch noch Lila genommen! Diesen Schlamassel muss ich wohl selbst in Ordnung bringen.« Nach diesen Worten war der kunterbunte erste Mensch flugs aus dem Saal der Farben verschwunden.

Die Malengel machten sich daran, die umgestürzten Farbeimer wieder aufzustellen, die Farbseen aufzuwischen und die Spritzer zu beseitigen. Sie brauchten fast den ganzen Tag, um den Saal wieder sauber zu machen. Als sie es beinahe geschafft hatten, kam ein Mensch zur Tür herein und sagte: »Kann ich euch helfen?«

Die Engel trauten ihren Augen nicht. Dort in der Saaltür stand ein fertig bemalter Mensch mit brauner Haut, gelben Haaren und blauen Augen. Dann hörten die Engel aus der Tiefe des Saales: »Ich helfe auch mit!« Sie wirbelten herum und erblickten einen weiteren Menschen, und dieser hatte schwarze Haare und schwarze Haut. »Ich auch!«, ertönte eine Stimme aus dem Gebälk, von woher sich ein Mensch mit brauner Haut und schwarzen Haaren zu Wort meldete. Plötzlich wimmelte der ganze Saal von frischbemalten Menschen in vielen verschiedenen Farben ... aber jede Farbe sah genau richtig aus. Manche Menschen hatten Schlitzaugen und glatte schwarze Haare, manche hatten rote Haare und Sommersprossen, manche hatten blaue Augen und braune Haut. Es gab Menschen in allen Farben außer Lila.

Dann sagte Gott: »Das sind nur einige der Haut- und Haarfarben, die ich den Menschen geben werde, wenn sie anfangen, die Erde zu bevölkern. Sie werden äußerlich viele verschiedene Farben haben, aber alle werden von mir selbst bemalt sein. Vielleicht lernen die Menschen dadurch, was ihr Engel vergessen habt: *Es gibt keine beste Farbe für einen Menschen!*

Ich möchte, dass die Menschen sich über ihre äußerlichen Unterschiede freuen. Ich möchte, dass sie Schwarz und Weiß, klein und groß, dick und dünn, Rot und Blond, gekräuselt und glatt mögen. Ich habe die Menschen wie Schneeflocken gemacht, nur noch besser. Keine zwei von ihnen werden jemals genau gleich sein. Die unterschiedlichen Farben sollen sie daran erinnern, dass ich jedem Einzelnen von ihnen eine Begabung für etwas anderes geschenkt habe, in dem er gut sein kann, und ich brauche all ihr unterschiedliches Können, damit in der Welt alles reibungslos klappt.

Aber ich möchte auch, dass die Menschen daran denken, dass sie unter den verschiedenen äußerlichen Farben innerlich alle gleich sind. Sie sollen sich vor Augen halten, dass alle dieselben Dinge brauchen, dass alle in derselben Weise von mir geliebt werden und dass keiner heiliger ist als ein anderer. Ich möchte, dass sie daran denken, dass zwar ihre Haut und ihre Haare und ihre Augen unterschiedliche Farben haben, ihre Seelen und Herzen und Bedürfnisse aber trotzdem von gleicher Art sind. Alle Menschen brauchen Liebe und Respekt, Ruhe und Spaß, Suppe und Salat, Brot und Krapfen, Gebet und Musik. Am allermeisten brauchen die Menschen Mütter und Väter, die sie immer lieben, und sie brauchen ein paar wirklich gute Freunde. Diese Dinge brauchen alle Menschen, und aus diesem Grund werde ich jedem meiner Menschen innerlich dieselbe Farbe geben.«

Dann begannen die Engel und die frisch bemalten Menschen zu jubeln und zu klatschen und zu singen und zu tanzen, und sie alle dankten Gott dafür, dass er so klug und so gut und so geduldig war. Die Engel waren froh, dass sie Gottes Lieblingsentwurf nicht zu bemalen brauchten. Die Menschen waren froh, dass sie von Gott bemalt wurden und äußerlich zwar verschiedene Farben, innerlich aber die gleiche Farbe hatten.

Ganz besonders froh waren sie aber darüber, dass niemand lila angemalt worden war!

Das erste Buch Mose 9, 18

Wie sieht es im Himmel aus?

Jakob, der Sohn Isaaks und Rebekkas, war ein Mensch, der am liebsten immer irgendwo anders gewesen wäre. Wenn er zu Hause war, wollte er von zu Hause weg sein. Wenn er unterwegs war, wollte er nach Hause. War er in einem Tal, wollte er auf einen Berg, und war er auf einem Berg, wollte er in ein Tal. Wenn er einen Fluss hinabschwamm, dachte er an eine Wanderung in der Wüste. Jakob war einfach nie mit dem Ort zufrieden, an dem er sich gerade befand.

Eines Nachts, als Jakob von zu Hause weggegangen war, um irgendwohin zu gehen, wo es ihm vielleicht besser gefiel, schlief er ein und hatte einen erstaunlichen Traum. Jakob träumte, er stünde am Fuße einer hohen Leiter, deren unteres Ende auf der Erde stand, und deren oberes Ende bis in den Himmel reichte. Engel kletterten auf der Leiter hinauf und hinunter, aber weil die Leiter so alt und so schmal, so morsch und so wackelig war, konnten die Engel nicht gleichzeitig hinauf- und hinuntersteigen. Zuerst mussten einige Engel ganz hinaufklettern, dann konnten andere Engel ganz hinunterklettern. Ein Engel am oberen Ende schwenkte dann jeweils eine orangefarbene Flagge und rief: *»Bitte die Leiter freimachen! Engel abwärts unterwegs!«* Wenn die Engel wieder in den Himmel hinaufwollten, schwenkte ein Engel am unteren Ende eine orangefarbene Flagge und rief: *»Bitte die Leiter freimachen.*

Engel aufwärts unterwegs!« Es war ein komisches System, aber es funktionierte.

Jakob sah das alles und dachte bei sich: Der Himmel soll ja angeblich ein vollkommener Ort sein. Ich wette, dass ich dort glücklich wäre. Ich klettere einfach diese Leiter hinauf und schaue mir einmal an, wie es im Himmel aussieht. Jakob schlich sich hinter eine Gruppe von Engeln, die darauf warteten, die Leiter hinaufklettern zu dürfen, wenn der Engel am unteren Ende seine orangefarbene Flagge schwenkte und rief: *»Bitte die Leiter freimachen! Engel aufwärts unterwegs!«* Jakob wartete ab, bis der letzte Engel in der Schlange die Leiter betreten hatte, dann rannte er hin und begann ebenfalls die Leiter hinaufzuklettern, so schnell er nur konnte. Aber die aufwärts strebenden Engel kamen so schnell voran, dass Jakob beim besten Willen nicht mithalten konnte. Bald war er ganz allein auf der wackeligen alten Leiter, hoch oben am Himmel. Die Leiter schwankte und drehte sich im Wind, und Jakob konnte sich nur mit Mühe daran festhalten.

Dann schaute Jakob nach oben und sah über sich einen Engel auf der Leiter, der abwärts unterwegs war. Der Engel prallte mit Jakob zusammen, hätte ihn fast von der Leiter gestoßen und rief aus: »Was, zum Kuckuck, machst *du* denn hier? Und wer, zum Kuckuck, bist du überhaupt?«

»Ich heiße Jakob und bin ein Mensch und ich klettere die Leiter hinauf in den Himmel.«

Der Engel sagte: »Aha. Ich will dir mal was sagen, Herr-Jakob-Mensch-der-meint-er-klettert-in-den-Himmel. Menschen können erst in den Himmel, wenn sie gestorben sind, und dann kommt nur ihre Seele hinein und nicht ihr Leib. Da du eindeutig nicht tot bist, kommst du auch eindeutig heute nicht in den Himmel!«

»Ach bitte, lass mich doch den Himmel sehen! Bitte, bitte!«, bettelte Jakob. »Du hast so viele Gelegenheiten, zur Erde hinunterzuklettern, und das ist vielleicht meine einzige Gelegenheit, in den Himmel hinaufzuklettern.«

Der Engel dachte einen Augenblick nach und sagte dann: »Na ja, du träumst das alles, und das heißt, dein Leib ist noch immer dort unten auf der Erde, und den größten Teil des Weges zum Himmel hast du auch schon hinter dir und wenn ich hinter dir hinunterklettere, dauert das wahrscheinlich länger, als wenn ich dich vollends hinaufklettern lasse ... also gut. Ich werde dir den Himmel zeigen. Komm mit.«

»Hurra!«, jubelte Jakob ganz außer Atem und kletterte auf der Leiter zwischen Himmel und Erde immer weiter hinauf.

Endlich hatte es Jakob geschafft und den Himmel erreicht. Das wusste er aus zwei Gründen: Erstens war das der Ort, an dem die Leiter aufhörte. Und zweitens gab es dort ein großes Schild, auf dem stand: DIES IST DER ORT! WILLKOMMEN IM HIMMEL!

Jakob ging über einen Hügel mit einem großen Leuchten, und dann sah er es. Der Himmel war der schönste Ort, den er je in seinem Leben gesehen hatte. Es gab Hügel und Täler, klare Bäche und grüne Wiesen. Überall waren Menschen in Grüppchen unterwegs und sprachen miteinander. Jakob fragte den Engel: »Wer sind all diese Leute?«

»Das sind die Seelen von Menschen, die gestorben und in den Himmel gekommen sind. Hier treffen sie dann die Seelen all der Menschen wieder, die sie geliebt haben und die vor ihnen gestorben sind.«

»Gibt es hier auch Hunde?«, fragte Jakob.

»Sicher gibt es hier Hunde«, lachte der Engel, »und Katzen

und Papageien und Wüstenspringmäuse und Hamster. Die Teiche sind voller Goldfische, die aus Versehen die Toilette hinuntergespült wurden, wenn die Kinder nicht aufgepasst haben. Aber hier im Himmel jagen die Hunde nicht die Katzen, die Katzen zerkratzen nicht die Möbel, die Hamster wollen nicht weglaufen und die Goldfische landen nie aus Versehen im Klo.«

»Donnerwetter«, murmelte Jakob. Dann sagte er: »Ich bin hungrig vom langen Klettern auf der Leiter. Gibt es hier im Himmel etwas zu essen?«

»Was isst du denn am liebsten?«, fragte der Engel.

»Ich mag wild wachsende Himbeeren«, antwortete Jakob. Und schon erschien – schwupp! – ein Tisch mit einer großen Schüssel Himbeeren vor Jakob. »Praktisch!«, meinte Jakob, als er sich die Himbeeren einverleibte. »Man braucht sich nur etwas zu wünschen, und schon hat man es.«

»Ganz genau«, sagte der Engel.

Kein Wunder, dass jeder hier hinein will, dachte Jakob. In der Ferne sah er einen hohen Berg und sagte: »Wie es wohl auf dem Gipfel dieses Berges aussieht?« Da stand Jakob – hui! – schon auf dem Gipfel des Berges und schaute auf die Hügel und Täler des Himmels hinab. »Im Himmel braucht man sich nur zu wünschen, dass man irgendwo ist und, hui! ist man schon dort.«

»Deshalb brauchen wir hier oben auch keine Autos oder Züge oder Flugzeuge oder Fahrräder«, sagte der Engel.

»Was für Spiele habt ihr denn hier?«, erkundigte sich Jakob.

»Wir haben alle Spiele, die ihr unten auf der Erde auch habt, nur gibt es hier keine Video-Spiele, bei denen man etwas abknallt. Abknallen ist im Himmel nicht erlaubt. Es gibt hier auch keine Spiele, bei denen man jemanden besiegen oder selber verlieren kann, denn das Gewinnen kann die Menschen stolz machen und das Verlieren traurig. Und Gott will die Menschen im Himmel weder stolz noch traurig haben. Und natürlich gibt es auch keine sportlichen Ringkämpfe im Himmel, weil wir hier oben nie so tun, als ob.«

Alles, was Jakob herausbrachte, war *»Donnerwetter!«* Und *Donnerwetter* sagte er an diesem Tag noch oft.

Die nächsten Stunden brachte Jakob damit zu, sich von einem Ort an den anderen zu wünschen, eine Menge wildwachsender Himbeeren zu essen und mit dem Engel eine Art Tennis zu spielen. Beide schlugen dabei den Ball sehr sanft über das Netz, und es wurde nicht gezählt. Nach dem Tennisspiel setzte sich Jakob hin und stützte den Kopf in die Hände. Der Engel kam zu ihm, setzte sich neben ihn und fragte: »Was ist los?«

Jakob zuckte die Achseln und sagte: »Ich weiß nicht. Alles ist wirklich wunderbar hier im Himmel, aber ich bin einfach nicht froh. Auf der Erde haben wir auch wild wachsende Himbeeren, aber sie hüpfen nicht einfach in eine Schüssel, sooft man welche haben will. Man muss sie suchen gehen und pflücken. Das ist das Hauptvergnügen, wenn man Himbeeren essen will. Auf der Erde haben wir Berge, aber man kann sich nicht einfach auf einen Gipfel hinaufwünschen. Man muss die Berge erklettern, und gerade das Klettern gibt einem ein herrliches Gefühl, wenn man oben angekommen ist.

Auf der Erde haben wir Spiele, aber bei diesen Spielen kann man gewinnen oder verlieren, und es macht Spaß, sich anzustrengen, damit man gewinnt, und es ist gut, wenn man verlieren lernt, weil man dabei auch lernt, sich beim nächsten Mal mehr anzustrengen. Ich mag auch Hunde, die Katzen jagen … und ich mag sportliche Ringkämpfe. Es tut mir Leid. Der Himmel ist sehr schön, und eines Tages werde ich bestimmt gerne hierher kommen, aber vorläufig kann der Himmel noch warten, bis ich mein ganzes Leben auf Erden gelebt habe. Ich möchte jetzt nach Hause gehen. Ich möchte nach Hause, ich möchte nach Hause, ich möchte …«

Jakob erwachte jäh aus seinem Traum und blickte sich um. Er war froh, dass er aufgewacht war, er war sehr froh, dass er am Leben und wieder auf der Erde war. Zuerst dachte er, er sei vielleicht noch im Himmel, aber da sah er einen Hund vorbeirennen, der einer Katze nachjagte, und wusste, dass er wieder zu Hause war.

Jakob ging zum Fluss, um sich tüchtig Wasser ins Gesicht zu spritzen. Dort meinte er hinter einem Felsen eine orangefarbene Flagge wedeln zu sehen und jemanden sagen zu hören »Macht die Leiter frei! Engel aufwärts unterwegs!«, Aber als er hinging, um nachzuschauen, war niemand da.

Nach seinem Traum war Jakob ein anderer. Nach seinem Traum gefiel es Jakob überall, wo er gerade war. Er war glücklich in den Tälern und glücklich auf den Bergen, er war glücklich, wenn er einen Fluss hinabschwamm und wenn er in der Wüste umherstreifte. Jakob war fröhlich, wenn er Himbeeren pflückte und fröhlich, wenn er einen Berg bestieg. Jakob war froh darüber, dass er am Leben war, und er war froh, zu wissen, dass einst, wenn er einmal nicht mehr am Leben sein würde, ein Ort auf ihn wartete, der sehr schön war, auch wenn es dort keine Ringkämpfe gab.

Das erste Buch Mose 28, 10–12

Der Pharao und der Frosch

Als Mose dem Pharao von Ägypten sagte, er solle alle seine Sklaven freilassen, sagte der Pharao von Ägypten zu Mose: »Bist du verrückt? Meine Sklaven freilassen? Meine Sklaven machen meinen Reichtum aus. Meine Sklaven bauen meine Pyramiden und meine Paläste, sie ernten mein Korn und graben nach meinem Gold, sie machen mir das Bett, kochen mein Essen, gehen für mich einkaufen, holen die Post und führen meine Hunde aus. Ich werde sie keinen Schritt weglassen! Vielmehr werde ich dich, Mose, aus meinem Palast hinauswerfen. Geh deine Schafe hüten oder was immer du sonst machst.«

Da sagte Mose zu Gott: »Vielen Dank! Ich fühle mich wie ein kompletter Idiot! Ich ging in den Palast des Pharaos, bat ihn, mein Volk gehen zu lassen, genau, wie du mir gesagt hattest, und der Pharao hat mich hinausgeworfen. Gott, ich kann nicht noch einmal dorthin gehen, ohne schwere Munition im Gepäck zu haben.« Gott stimmte zu, und am nächsten Tag erschien Mose wieder vor dem Pharao.

Diesmal sagte Mose kein Wort. Er steckte einfach seinen langen Wanderstab in den Teich im Thronsaal und – zack! – verwandelte sich das Wasser in dem Teich in Blut. Der Pharao war erstaunt und sagte: »Ich hasse Blut!«

Er war nahe daran, die Israeliten ziehen zu lassen, da sagte sein Oberzauberer: »Wasser in Blut zu verwandeln ist ein

Kinderspiel. Schau her!« Dann verwandelte er das Wasser im Becher des Pharaos in Blut.

Also sagte der Pharao: »War ein ganz netter Versuch, Mose, aber er bringt nichts. Verschwinde augenblicklich von hier.« Mose verließ den Palast des Pharaos und sagte Gott, dass die Verwandlung von Wasser in Blut schon ganz gut sei, aber nicht gut genug.

Am nächsten Tag ging Mose wieder in den Palast, und diesmal hatte Gott ihm gezeigt, wie er Frösche vom Himmel fallen lassen konnte. Der Pharao staunte und war wieder nahe daran, alle Sklaven ziehen zu lassen, als plötzlich seine Zauberer ihre Zauberstäbe ergriffen und ebenfalls Frösche vom Himmel fallen ließen. »Diesmal hättest du mich beinahe drangekriegt«, sagte der Pharao und ließ Mose und alle Frösche aus seinem Thronsaal hinauswerfen.

Als alle den Palast verlassen hatten und der Pharao allein war, ging er hinaus auf seinen Balkon, um nachzuschauen, ob der Froschregen aufgehört hatte. Der Pharao sah in den Himmel hinauf, und plötzlich fiel ihm – platsch! – ein Frosch mitten ins Gesicht.

Der Frosch hüpfte vom Gesicht des Pharaos auf seine Schulter und quakte ihm ins Ohr: »Kannst du mir bitte sagen, was hier los ist? Ich schlief gerade auf meinem Seerosenblatt in meinem Teich und tat niemandem etwas Böses, da packte mich ein heftiger Windstoß und schleuderte mich in die Luft. Im nächsten Moment sitze ich plötzlich in deinem Gesicht und gucke dir in die Nasenlöcher. Nichts gegen dein Gesicht, aber ich wüsste gerne, wie ich wieder in meinen Teich komme, wenn du nichts dagegen hast.«

Der Pharao kreischte: *»In meinem Gesicht sitzt ein Frosch!«*, und rannte aus dem Thronsaal. Nachdem er den Schleim abgewaschen hatte, schaute er in den Spiegel und sagte: »Ich hasse Blut! Und ich hasse Frösche!«

Am nächsten Tag kam Mose wieder in den Palast des Pharaos, aber er durfte den Thronsaal nicht betreten. Der Pharao hatte im ganzen Palast Plakate aufhängen lassen. Auf jedem Plakat war ein Bild von Mose und ein Bild von dem Frosch zu sehen und darunter stand: WENN DIESER BURSCHE ODER DIESER FROSCH AUFTAUCHT, WERFT IHN AUF DER STELLE HINAUS!

Mose rief vom Hof aus zum Pharao hinauf: »Hallo, Pharao, schau mal her!« Der Pharao spähte hinter einem Vorhang hervor und sah Mose mit seinem Wanderstab auf den Boden klopfen. Bei jedem Klopfen stieg eine Wolke von Flöhen aus dem Staub auf und verteilte sich überallhin.

Die Flöhe schwärmten über ganz Ägypten aus und fielen über alles her, einschließlich der Menschen. Sogar den Pharao begann es zu jucken, weil die Flöhe auch auf ihm landeten. Er riss sich die Kleider vom Leib und warf sie in den Teich in seinem Thronsaal. Seine Kleider landeten auf dem Frosch, der auf einem Seerosenblatt im Teich schlief. Da erwachte der Frosch und quakte: »Nimm diese stinkenden Kleider des Pharaos von mir weg!« Der Pharao war überrascht, dass seine Kleider mit ihm redeten, aber er merkte bald, dass da nicht seine Unterwäsche sprach, sondern der Frosch, der vom Himmel gefallen und in seinem Gesicht gelandet war.

Der nackte Pharao rannte aus dem Saal und brummte vor sich hin: »Ich hasse Blut. Ich hasse Frösche. Und ich hasse Flöhe!« Seine Diener gaben sich Mühe, nicht hinzuschauen und nicht zu lachen, aber das war schwer, denn sie sahen nicht alle Tage einen nackten, vor sich hin schimpfenden Pharao vor Flöhen davonrennen.

Am nächsten Tag badete der Pharao im Fluss, um seine Flöhe loszuwerden, als plötzlich Mose vor ihm stand und blies, so kräftig er nur konnte. Aus Moses Mund kamen Fliegen, Millionen von Fliegen, Milliarden von Fliegen, Trilliarden von Fliegen.

»Das ist abscheulich!«, sagte der Pharao, als die Fliegen aus Moses Mund herausflogen und den Himmel über ganz Ägypten überzogen. Der Pharao rannte, so schnell er konnte, in seinen Thronsaal und warf sich in seinen Teich, um sich vor den Fliegen zu retten. Als der Pharao vorsichtig seinen Kopf aus dem Wasser hob, um nachzusehen, ob die Fliegen weg waren, sah er den Frosch mit der Zunge Fliegen aus der Luft schnappen.

»Willst du auch eine?«, quakte der Frosch. »Fliegen schmecken um diese Jahreszeit sehr gut.«

Der Pharao flüchtete aus dem Teich, wedelte mit den Händen und jammerte: »Ich hasse Blut. Ich hasse Flöhe. Ich hasse Fliegen. Aber am meisten hasse ich Frösche!«

Am nächsten Morgen wachte der Pharao auf und stellte fest, dass sein gesamtes Vieh tot war. Der Pharao sank auf seinen Thron und rief: »Oje! Oh weh! Warum sind alle meine Kühe tot?«

Da hörte der Pharao den Frosch lachen: »Oje! Oh weh!«, äffte ihn der Frosch nach. »Warum bist du so ein Dummkopf? Deine Kühe sind tot, weil du zu dickköpfig warst, Mose und sein Volk ziehen zu lassen.«

Der Pharao knurrte: »Ich sitze doch nicht hier und rede mit einem Frosch! Verschwinde aus meinem Teich! Verschwinde aus meinem Haus! Verschwinde aus meinem Leben!« Der Pharao rannte in sein Schlafzimmer, knallte die Tür zu und wimmerte: »Ich hasse Blut. Ich hasse Frösche. Ich hasse Flöhe. Ich hasse Fliegen. Ich hasse tote Kühe. Und wenn dieser Frosch noch ein einziges Wort zu mir sagt, dann gibt es außer all meinen toten Kühen noch einen toten Frosch in Ägypten!«

Am nächsten Tag schaute der Pharao aus dem Fenster und sah Mose und seinen Bruder Aaron Asche von den Feuerstellen aufheben und in die Luft werfen. Der Pharao lachte: »Oh, Mose, jetzt habe ich aber wirklich Angst. Bitte, wirf nicht mit Schmutz herum!« Der Pharao lachte, und alle seine Diener lachten, als plötzlich ein heftiger Wind die Asche hoch in den Himmel hinaufwirbelte. Jedes Teilchen Asche, das auf einem Menschen landete, verwandelte sich dort in einen großen, hässlichen Pickel. Die Ägypter rannten wie besessen herum und klagten über die Pickelplage, ganz besonders die Teenager.

Der Pharao setzte sich an den Rand seines Teiches, und der Frosch hüpfte ihm auf die Schulter und quakte ihm ins Ohr: »Du bist doch wirklich der dümmste Mann auf Erden. Du machst dein Land kaputt, tötest dein Vieh, lässt die Gesichter deines Volkes verunstalten, und alles nur, weil du Mose und sein Volk nicht von hier weggehen lässt.«

Der Pharao sprang auf, raufte sich die Haare und heulte: »Ich bin der *Pharao*! Ich bin Herr über alle. Ich bin ein Gott! Ich lasse mir von niemandem vorschreiben, was ich zu tun habe – nicht von Mose, nicht von Moses Gott, und *ganz bestimmt nicht* von einem dummen, stinkenden Frosch! Wenn irgendjemand gemeint hat, ich würde meine Sklaven abziehen lassen, weil ein paar von meinen Leuten Pickel haben, dann sind sie auf dem Holzweg!« Dann stolzierte der Pharao in den Nebenraum. Seine Diener hörten ihn knirschen: »Blut, Frösche, Flöhe, Fliegen, tote Kühe und jetzt Pickel. Ich hasse sie alle, aber am allermeisten *hasse ich diesen Frosch*!«

Am nächsten Tag wachte der Pharao auf, äugte über seine Bettdecke hinweg, sah aus dem Fenster und sagte nur ein einziges Wort: »*Huch!*« Er sah nämlich Eiskörner vom Himmel fallen. Das war schon merkwürdig genug, denn Ägypten ist ein warmes Land, und es schneit dort fast nie und noch weniger fallen Eiskörner vom Himmel. Aber noch viel merkwürdiger war, dass unter die Eiskörner Feuerfunken gemischt waren. Wenn die Feuerfunken Menschen trafen, riefen die Menschen: »Au!« und wenn die Eiskörner sie trafen, schrien sie auf: »Autsch!« Der Pharao zog sich einfach die Decke über den Kopf und hielt sich die Ohren zu, damit er das Wehgeschrei nicht mehr hören musste, das aus ganz Ägypten zu ihm drang.

Als er noch unter der Decke steckte, hörte er die Stimme des Frosches. »Zählen wir einmal zusammen«, quakte der Frosch. »Die erste Plage war Blut, dann kamen die Frösche (so kam ich hierher), dann Flöhe, dann Fliegen, dann tote Kühe, dann Pickel und jetzt haben wir die entzückende Plage von Eiskörnern, die mit Feuerfunken gemischt sind, und *noch immer* lässt du dieses Volk nicht gehen. Was für ein Trottel du bist!«

Am nächsten Tag, als der Pharao sein Müsli aß, flog ein Insekt in die Schale des Pharaos. »Hoppla, was war denn das?«, fragte er. Dann sah er, dass der Boden von Heuschrecken bedeckt war. Der Frosch hüpfte glücklich herum und verdrückte ein paar von ihnen. Der Frosch lächelte, rülpste, rieb sich seinen dicken Bauch und sagte: »Ich mag diese Plagen, die ich fressen kann! Die Flöhe und die Fliegen haben schon gut geschmeckt, aber diese Heuschrecken sind eine Delikatesse – nur weiter so, Einstein!«

»Wer ist Einstein?«, fragte der Pharao.

»Vergiss es«, sagte der Frosch.

Am nächsten Tag wachte der Pharao zur gewohnten Zeit auf, aber als er hinausschaute, sah er, dass es noch dunkel war, und legte sich wieder ins Bett. Nach einem Weilchen wachte er erneut auf, aber draußen war es noch immer dunkel, so dass er sich wieder schlafen legte. Noch später setzte er sich im Bett auf, sah, dass es immer noch dunkel war, und brüllte: »*Wo ist die Sonne?* Es ist Tag, aber es gibt kein Tageslicht! Was ist hier los?«

Dann ging der Pharao ans Fenster und sah etwas äußerst Merkwürdiges. Überall in Ägypten war es dunkel … *außer* über den Häusern von Mose und seinem Volk. Über ihren Häusern schien die Sonne. Das ging drei Tage so, und bis dahin hatten sich alle Ägypter um die Häuser der Israeliten geschart, um ihre Schuhe zuzubinden, ihre Nadeln einzufädeln, ihre Kleider zu waschen und alles Sonstige zu tun, was man nur bei Tageslicht tun kann.

Auch der Pharao wurde fast verrückt, weil er kein Tageslicht hatte. Eines Tages zog er sich Schäferkleidung an, damit ihn niemand erkannte, und mischte sich unter die Menge, die um das Haus des Mose herum in der Sonne stand. Die Menschen sprachen über ihn: »Dieser dämliche Pharao. Wann wird er endlich lernen, dass es falsch ist, Sklaven zu haben, falsch ist, sich gegen Gott zu stellen, und falsch ist, sein Land kaputtgehen zu lassen, einfach weil man ein Dickschädel ist. Wegen diesem blöden Pharao wurde unser Land mit Blut, Fröschen, Flöhen, Fliegen, toten Kühen, Pickeln, Eiskörnern mit Feuerfunken gemischt, Heuschrecken und jetzt mit Dunkelheit am Tage geschlagen! Das ist einfach ungerecht!«

Da warf der Pharao, der sich in der Menge versteckt hatte,

sein Gewand ab und rief: »Ich bin der *Pharao*. Es ist mir völlig gleich, was die Leute von mir denken. Ich befehle der Sonne und dem Mond und den Sternen. Alle Menschen und Dinge müssen meinem Befehl gehorchen!«

Da trat Mose vor, schaute dem Pharao fest in die Augen und sagte: »Warum befiehlst du dann nicht einfach der Sonne, sie solle wieder herauskommen?«

Der Pharao wand sich und sagte: »Bald, bald werde ich das tun.«

Da legte Mose dem Pharao den Arm um die Schulter und sagte leise zu ihm: »Jetzt hör mir mal gut zu. Das ist das letzte Mal, dass wir uns sehen. Wenn du mein Volk nicht bis morgen um diese Zeit gehen lässt, wird die letzte Plage kommen, und sie wird so furchtbar sein, dass du sie nie mehr vergisst. Lass es nicht so weit kommen, dass Gott dich und dein Volk so hart bestraft. Du kannst nicht gewinnen. Du kannst dich nicht der Freiheit entgegenstellen, und du kannst dich nicht Gott entgegenstellen.«

Der Pharao sagte: »Gott hat mit all diesem Zeug nichts zu tun. Wir haben einfach eine Pechsträhne, eine *dicke* Pechsträhne. Ich gehe jetzt nach Hause und lege mich schlafen. Und noch etwas, und das hätte ich gleich am Anfang von alledem machen sollen: Mose, wenn du morgen noch in Ägypten bist, werde ich meine Soldaten nach dir ausschicken und dich töten lassen, und diesen Frosch gleich dazu!«

Aber so weit kam es nicht.

Am nächsten Tag kam die zehnte Plage. Nach dem Blut und nach den Fröschen, nach den Flöhen und nach den Fliegen, nach den toten Kühen und nach den Pickeln, nach den mit Feuerfunken gemischten Eiskörnern, nach den Heuschrecken und nach der Finsternis starb im ganzen Land Ägypten jeder erstgeborene Mensch und jedes erstgeborene Tier. An diesem Tag stieß der Pharao einen so lauten Schrei aus, dass die Menschen in ganz Ägypten ihn hörten. An diesem Tag ließ der Pharao das Volk gehen.

Als Mose und die Israeliten aus Ägypten fortzogen, mit all ihren Sachen und all ihren Tieren, jubelten sie nicht und lachten nicht und sangen nicht. Sie sahen, wie die Plagen Ägypten zu Grunde gerichtet hatten, und die Ägypter taten ihnen Leid, deshalb gingen sie einfach still weg.

Der Pharao war allein. Durch sein Weinen hindurch hörte er aus der Ferne einen Frosch. Der Frosch quakte immer wieder: »Du kannst dich nicht der Freiheit entgegenstellen, und du kannst dich nicht Gott entgegenstellen!«

Das zweite Buch Mose 7, 14–12, 36

Worte in Stein

Worte in Stein

Als Mose auf dem Gipfel des Berges Sinai von Gott die Zehn Gebote empfing, schrieb er sie auf zwei große Steintafeln. Aber Mose schrieb nicht *alles* auf, was Gott sagte. Mose wusste, je mehr er schrieb, desto mehr Steine würde er brauchen und desto mehr Steine musste er folglich auch den Berg hinunterschleppen. Deshalb fasste Mose sich kurz!

Und das ging bei den einzelnen Geboten so vor sich:

Eins

Gott sprach zu Mose und sagte zu ihm: »Ich bin Gott. Als Erstes wirst du die Menschen lehren müssen, was das bedeutet. Ich warne dich, es wird nicht leicht sein, weil ich anders bin als alles andere. Manche Menschen werden denken, ich sei ein alter Mann mit einem Haus in den Wolken, aber du weißt, dass das nicht stimmt. Manche Menschen werden meinen, ich hätte Hände und Füße und einen großen Zeh, aber du weißt, dass das nicht wahr ist. Manche Menschen werden mich sehen wollen, ehe sie an mich glauben, aber du weißt, dass das nicht geht, weil ich unsichtbar bin. Deshalb werden manche Menschen meinen, ich sei nirgendwo, aber du weißt, dass ich überall bin. Mich ein Stück weit begreiflich zu machen ist eine knifflige Sache.

Versuche den Menschen zu erklären, dass ich einen jeden von ihnen einmalig gemacht habe. Sage ihnen, dass ich sie zwar gut gemacht habe, ihnen aber auch die Freiheit gegeben habe, böse zu sein. Ich bin stark, aber ich werde sie nicht daran hindern, falsch zu handeln. Sie müssen lernen, es von sich aus zu unterlassen. Manche Menschen werden meinen, es sei in Ordnung, Unrecht zu tun, weil ich sie nicht daran hindere, aber du solltest sie darauf hinweisen, dass ich sie und ihre Taten im Blick habe und dass ich ein *hervorragendes* Gedächtnis besitze. Erkläre ihnen, dass eines Tages jeder von ihnen sterben muss, ohne Ausnahme, und dann wird seine Seele eine kleine Unterredung mit mir haben. Sag ihnen, dass ich jeden genau so liebe, wie er ist, mir aber dennoch von jedem wünsche, dass er sich geduldig darum bemüht, immer besser zu werden.

Denk auch daran, Mose, den Menschen zu erklären, dass ich es bin, dem sie alles Gute verdanken, das sie je bekommen haben. Erinnere sie, dass ich es bin, der sie aus Ägypten herausgeführt hat, damit sie frei sein können. Ich bin es, der ihnen für ihr Leben eine so gute Welt gegeben hat, und ich bin es, der so drollige Tiere wie das Schnabeltier gemacht hat, damit sie etwas zum Lachen haben.«

Mose überdachte, was Gott alles zu ihm gesagt hatte, und meißelte dann diese Worte in den Stein:

Ich bin der Herr, dein Gott, der dich aus Ägypten geführt hat; aus dem Sklavenhaus, und ich habe euch das Schnabeltier gegeben.

Dann überlegte Mose noch einmal und löschte den Satz über das Schnabeltier wieder.

Zwei

Dann sprach Gott zu Mose und sagte zu ihm: »Sage den Menschen, sie sollen sich ja nicht einfallen lassen, irgendeinen anderen Gott zu verehren. Ich habe alles überall gemacht. Ich habe alles im Himmel gemacht. Ich habe alles auf der Erde gemacht. Ich habe alles über dem Wasser, unter dem Wasser und im Wasser gemacht. Ich habe alles gemacht, was manchmal unter Wasser ist, aber meistens an Land lebt. Ich habe alles gemacht, was manchmal an Land ist, aber meist unter Wasser lebt. Ich habe alles gemacht, was in der Luft fliegt, in dein Ohr summt und auf deiner Nase landet. Ich habe alles Pelzige und Niedliche gemacht. Ich habe alles Schleimige und Kalte gemacht. Ich habe alles mit Federn und alles mit Schuppen gemacht. Ich habe alles mit schlechtem Atem und alles mit süßen Melodien gemacht. Aber erkläre den Menschen auch deutlich, dass das, was ich erschaffen habe, und ich selbst zweierlei sind. Kein Ding wurde erschaffen, damit ihr es anbetet oder liebt, wie ihr einander liebt oder wie ihr mich liebt. Lehre die Menschen, dass es im gesamten Universum nur zwei Formen von Dasein gibt: das Stoffliche … und den Schöpfer des Stofflichen. Ich bin der Schöpfer des Stofflichen.

Nun weiß ich aber, dass die Menschen etwas anbeten wollen, was sie sehen, und mich können sie nicht sehen. Ich weiß, dass sie vielleicht irgendetwas nehmen, was sie sehen *können*, und es Gott nennen, aber es ist nicht Gott! Nur *ich* bin Gott! Die Menschen werden sogar Erde anbeten, wenn du sie lässt, deshalb gib Acht! Wenn das schief geht, werden eure Kinder drei oder vier Generationen brauchen, um es wieder in Ordnung zu bringen, aber wenn ihr es richtig macht, werden es eure Kinder tausend Generationen lang richtig machen.

Und wenn ihr es falsch macht und irgendetwas anderes als mich anbetet, dann glaubt keinen Augenblick, es spiele keine Rolle und ich sei so groß und so unsichtbar, dass es mir im Grunde nicht so wichtig sei und ich nicht hinsähe. Es *ist* mir wichtig, und ich schaue *immer* hin, und ich werde mich nicht freuen, wenn das schief geht, denn ... *ich will nicht, dass die Menschen etwas Stoffliches anbeten!* Also denk daran, denk daran, denk immer daran ... außer mir ist nichts Gott.«

Mose hörte all das, überdachte es und meißelte in den Stein:

Du sollst dir kein Gottesbild machen und keine Darstellung von irgend etwas am Himmel droben, auf der Erde unten oder im Wasser unter der Erde. Du sollst dich nicht vor anderen Göttern niederwerfen und dich nicht verpflichten, ihnen zu dienen. Denn ich, der Herr, dein Gott, bin ein eifersüchtiger Gott: Bei denen, die mir feind sind, verfolge ich die Schuld der Väter an den Söhnen, an der dritten und vierten Generation; bei denen, die mich lieben und auf meine Gebote achten, erweise ich Tausenden meine Huld.

Drei

Dann sprach Gott zu Mose und sagte zu ihm: »Flucht nicht! Die Menschen fluchen, wenn ihnen etwas Missliches zustößt, und wenn sie beim Fluchen meinen Namen benutzen, werden sie immer meinen, ich bringe ihnen etwas Schlechtes. Das will ich nicht. Wenn du dir einen Stein auf den Fuß fallen lässt, habe nicht ich ihn fallen lassen, deshalb sollst du mir auch nicht die Schuld daran in die Schuhe schieben. Stelle das eindeutig klar: Ich bin die Quelle alles Guten, deshalb ist es einfach nicht recht, meinen Namen zum Fluchen oder Schimpfen zu benutzen.

Ich weiß, dass du jetzt denkst: Wenn Gott die Quelle alles Guten ist, was ist dann die Quelle alles Schlechten? Eine gute Frage, und hier ist die Antwort: Das Schlechte kommt aus zwei Quellen – es kommt von dem Schlechten, das ihr tut, obwohl ich euch gesagt habe, ihr sollt nichts Schlechtes tun, und es kommt von den Löchern in der Welt. Ich habe Löcher in die Welt gemacht, etwa in Form von Krankheiten, damit ihr den klugen Kopf, den ich euch gegeben habe, dazu benutzen könnt, diese Krankheiten zu heilen. Ich habe die Löcher in die Welt gemacht, damit ihr mit eurem Leben auf der Erde etwas Sinnvolles anzufangen wisst.

Merkt euch also von nun an, dass mein Name nicht in einem Fluch gebraucht werden darf. Mein Name soll nur mit Worten zusammen gebraucht werden, die die Löcher in der Welt stopfen helfen, oder mit Ausdrücken wie *Danke schön* oder *Ich liebe dich.* Ich weiß, es ist schwer zu kontrollieren, was man sagt, wenn einem ein Stein auf den Fuß fällt, aber versucht es doch einfach mal mit: »Aua!« oder »Jaul!« oder »Verflixt« oder »Donner und Doria!« Bringt niemals meinen Namen mit dem Wort *verdammt* zusammen. Mein Name ist ein Segen. Du weißt das. Jeder sollte es wissen.«

Mose hörte das alles, überdachte es und fasste es in die folgenden Worte zusammen, die er in den Stein meißelte:

Du sollst den Namen des Herrn, deines Gottes, nicht mißbrauchen; denn der Herr läßt den nicht ungestraft, der seinen Namen mißbraucht.

Vier

Dann sprach Gott zu Mose und sagte zu ihm: »Sage den Menschen, sie sollen nicht die ganze Zeit arbeiten. Denkt daran, an mindestens einem von sieben Tagen zu ruhen, und dieser Tag soll *Sabbat* heißen. *Sabbat* nenne ich ihn, weil dieses Wort *Ruhe* bedeutet, und um Ruhe geht es an diesem Tag.

Du weißt, was geschieht, wenn ihr die ganze Zeit arbeitet. Wenn ihr das tut, werdet ihr zu schnell alt, zu schnell müde, zu schnell krank! Wenn ihr die ganze Zeit arbeitet, könnt ihr nicht genug Zeit mit euren Kindern verbringen, solange sie bei euch aufwachsen, und wahrscheinlich haben sie dann keine Lust, Zeit mit euch zu verbringen, wenn ihr alt werdet. Wenn ihr die ganze Zeit arbeitet, werdet ihr all die wunderbaren Dinge nicht beachten, die ich der Welt geschenkt habe, damit ihr euch an ihnen freuen könnt. Dinge wie Sonnenuntergänge und Schmetterlinge, Baseball und Karamellbonbons, Spaziergänge durch raschelndes Laub und Tanzen zum Klang der Musik. Dinge wie Spagetti essen oder Maiskolben knabbern, Umarmen oder Küssen oder Verstecken spielen.

Wenn man die ganze Zeit arbeitet, kommt man auch nicht dazu, das, was man hat, mit anderen zu teilen, Menschen zu helfen, die Hilfe brauchen, und Menschen etwas beizubringen, die lernen müssen. Wenn man die ganze Zeit arbeitet, hält einen das davon ab, die Dinge zu tun, die einem helfen, von sich selbst wegzukommen und wirklich zu lernen, den Schmerz und die Freude anderer mitzufühlen. Muss ich noch mehr dazu sagen? Arbeit wird euch Geld einbringen, und mit Geld könnt ihr Sachen kaufen, aber Sachen werden nicht die leere Stelle in eurem Herzen füllen, die entsteht, wenn ihr nicht genug Zeit habt, jemanden zu lieben.

Ich habe euch nur einige Jahre auf dem Planeten Erde zu leben gegeben, und wenn ihr die ganze Zeit arbeitet, werden euch diese Jahre einfach durch die Finger rinnen. Deshalb habe ich euch den Sabbat gegeben. Damit ihr euch jede Woche eines jeden Monats eines jeden Jahres daran erinnert, dass Arbeit nicht genügt, um ein Leben zu füllen.

Übrigens gibt euch das Ausruhen am Sabbat auch eine sehr gute Gelegenheit, euch zu versammeln und gemeinsam zu beten und mir für die Erschaffung der Welt zu danken, der Welt, die euch alles gibt, was ihr braucht, um zu leben und glücklich zu sein. Nachdem ich diese Welt gemacht hatte, habe auch *ich* mich davon ausgeruht. Und wenn sogar ich ausgeruht habe, meint ihr dann nicht, dass auch ihr ausruhen solltet?

Und noch eines zum Schluss: Dieses Ausruhen ist nicht nur für euch gedacht, sondern auch für alle Menschen, die für euch arbeiten. Wenn ihr denkt, dass ihr nach meinem Willen ausruhen sollt, während alle anderen um euch herum arbeiten, dann habt ihr euch getäuscht! Alle Menschen sind nach meinem Abbild erschaffen worden, und alle Menschen müssen sich ausruhen, genau wie ihr. Dasselbe gilt auch für die Tiere, die für euch arbeiten. Auch sie brauchen Ruhe. Und wenn Fremde durch eure Stadt kommen, dann gebt ihnen möglichst auch einen Platz zum Ausruhen und eine gute Mahlzeit. Wahrscheinlich sind sie einsam und wären am liebsten zu Hause.

Arbeitet also hart und arbeitet gut, und ruht euch am Sabbat aus und macht ihn zu einem besonderen Tag. Ihr werdet erstaunt sein, wie schön euer Leben dann sein wird. Denkt daran! Eure Arbeit ist nur das, was ihr tut, sie ist nicht das, was ihr seid.«

Mose hörte alle diese Worte und fasste sie zu folgenden Sätzen zusammen:

Gedenke des Sabbats: Halte ihn heilig! Sechs Tage darfst du schaffen und jede Arbeit tun. Der siebte Tag ist ein Ruhetag, dem Herrn, deinem Gott, geweiht. An ihm darfst du keine Arbeit tun: du, dein Sohn und deine Tochter, dein Sklave und deine Sklavin, dein Vieh und der Fremde, der in deinen Stadtbereichen Wohnrecht hat. Denn in sechs Tagen hat der Herr Himmel, Erde und Meer gemacht und alles, was dazugehört; am siebten Tag ruhte er. Darum hat der Herr den Sabbattag gesegnet und ihn für heilig erklärt.

Fünf

Gott sprach zu Mose und sagte zu ihm: »Sage den Kindern, sie sollen tun, was ihre Eltern von ihnen verlangen, auch wenn sie denken, es sei dumm. Aber du musst den Kindern auch sagen, dass sie *nicht* tun sollen, was ihre Eltern von ihnen verlangen, wenn es unrecht ist oder wenn es jemanden verletzt. Sage den Kindern, dass die meisten Dinge, zu denen ihre Eltern sie auffordern, gut und richtig sind und sie zu guten Menschen machen, wenn sie einmal groß sind. Sage den Kindern, die Wünsche ihrer Eltern zu erfüllen sei eine der wichtigsten Möglichkeiten, ihnen Liebe und Respekt zu erweisen.

Und sage den Kindern auch, wenn sie tun wollen, was ihre Eltern wünschen, sollen sie es gleich tun. Sag ihnen, dass sie weder bei mir noch bei ihren Eltern Anerkennung ernten können, wenn sie etwas erst dann tun, wenn man es ihnen hundertmal gesagt hat. Die Kinder merken selbst bald genug, dass Eltern sein schwer ist. Babys kommen nicht mit einer Gebrauchsanweisung für ihre Erziehung auf die Welt. Die meisten

Eltern müssen die meiste Zeit raten, aber sie raten auch fast immer richtig, denn wenn man ein Kind liebt, ergibt sich vieles ganz von selbst. Ich habe die Liebe gemacht, damit das so funktioniert.

Sage den Kindern auch, dass ihre Eltern einmal alt werden und dass sie dann für sie sorgen sollen. Das kann für die Kinder harte Arbeit sein. Es kann Geld kosten, und es kann Zeit kosten, aber wenn ein Elternteil eine ganze Schar Kinder versorgen kann, dann sollte auch eine ganze Schar Kinder in der Lage sein, einen Elternteil zu versorgen.

Vergiss nicht, den Kindern zu sagen, dass die prompte Erfüllung der Wünsche ihrer Eltern nur *eine* Möglichkeit ist, ihnen Liebe und Respekt zu erweisen. Dinge zu tun, die die Eltern *nicht* verlangen und *nicht* erwarten, ist manchmal sogar noch besser als zu tun, was sie verlangen und möchten. Eure Eltern ohne besonderen Grund zu umarmen und zu küssen, ihnen zu danken, dass sie für euch Essen einkaufen gehen, ihnen zu sagen, dass ihr stolz auf sie seid und dass ihr findet, sie hätten ihre Sache mit euch gut gemacht, sie bei einem Spiel gewinnen lassen, das ihr besser könnt, als sie, sie um ihren Rat zu bitten, sooft ihr könnt und diesen Rat sogar manchmal zu befolgen, bei ihnen vorbeizuschauen, um eben mal nachzusehen, ob es ihnen gut geht – all das sind wunderbare Möglichkeiten, eure Eltern zu ehren, die weit darüber hinausgehen, dass ihr eure Socken ordentlich aufhebt und euer Bett macht.

Vielleicht ist die beste Möglichkeit, euren Eltern Liebe und Respekt zu erweisen, dass ihr selbst wieder Kinder bekommt und sie gut erzieht. Auf diese Weise können eure Eltern sehen, dass ihr bei ihnen wirklich gut groß geworden seid. Das ist die Hauptsache! Mose, du musst die Kinder das Wichtigste lehren, was sie über ihre Eltern wissen müssen, nämlich dass sie *ohne sie nicht da wären.* Schärfe den Kindern ein, nie zu vergessen, dass sie ihren Eltern ihr Leben verdanken, dass sie ihren Eltern das Wissen verdanken, was richtig ist, und dass sie ihnen Hoffnung, Mut und Kraft verdanken. Das Allerwichtigste, was die Kinder über Eltern lernen müssen, ist: *Ohne sie wären sie gar nicht da.*«

Mose hörte all das, aber er hatte nicht genug Steine, um alles aufzuschreiben, darum schrieb er nur:

Ehre deinen Vater und deine Mutter, damit du lange lebst in dem Land, das der Herr, dein Gott, dir gibt.

Sechs

Dann sprach Gott zu Mose und sagte zu ihm: »Das Leben ist etwas ganz Besonderes, darum müssen alle lernen, dass ich der Einzige bin, der es geben kann, und der Einzige bin, der es nehmen kann. Weil Leben das Allerbeste ist, ist Mord das Allerschlimmste. Mord tötet nicht nur einen Menschen, sondern auch alle jene, die von diesem Menschen hätten abstammen können. Mord tötet auch einen Teil des Lebens der Menschen, die den Ermordeten geliebt haben. Mord ist das schlimmste Verbrechen, das ein Mensch begehen kann.

Nun ist nicht jedes Töten Mord. Wenn du einen Menschen töten musst, um dein eigenes Leben zu retten, dann ist das traurig, aber nicht böse. Wenn du in einem Krieg kämpfen musst, um einen Feind daran zu hindern, dein Land zu besetzen, ist das ebenfalls traurig, aber auch nicht böse. Aber Menschen töten ist etwas sehr Schwerwiegendes, und wenn du einen anderen Menschen tötest, um dein Leben zu retten, dann nur, wenn du ganz sicher bist, dass du *keine andere Wahl hast.* Und wenn du in den Krieg ziehst, um dein Land zu verteidigen, dann nur, wenn du ganz sicher bist, dass dein Land wirklich angegriffen wird! Menschen töten ist etwas sehr Schwerwiegendes, aber manchmal muss es dennoch sein. In den meisten Fällen jedoch lässt du besser die Finger davon, sonst bekommst du großen Ärger mit mir.

Überhaupt soll alles, was lebt, am Leben gelassen werden, außer du musst es töten, um etwas zu essen zu haben, oder du musst es töten, damit es nicht dich tötet. Mir steht es zu, Leben zu geben und zu nehmen, und ich habe euch Menschen die Erde gegeben, damit ihr das Leben schützt, nicht, damit ihr es zerstört. Denkt immer daran, dass jeder Mensch und jedes andere Lebewesen ein Recht auf Leben hat. Dieses Recht auf Leben habe ich allen gegeben und man kann es keinem nehmen. Nicht jetzt. Und zu keiner anderen Zeit.«

Mose hörte all das, überlegte ein Weilchen und brachte es doch tatsächlich fertig, es auf diese wenigen Worte zu kürzen:

Du sollst nicht töten.

Sieben

Dann sprach Gott zu Mose und sagte zu ihm: »Heiraten ist eine ganz besonders heilige Handlung. Wenn man das tut, bedeutet es, dass man den Rest seines Lebens nur mit diesem Menschen als Ehemann oder Ehefrau zuammenleben möchte. Verheiratet sein heißt, dass man nur mit einem einzigen Menschen schläft, und dieser Mensch ist dein Mann oder deine Frau. Es ist also in Ordnung, mit einem Teddy zu schlafen, und es ist in Ordnung, mit einer Kuschelente oder einem Fellhasen zu schlafen, aber es ist *nicht* in Ordnung, mit jemandem zu schlafen, der mit einem anderen Menschen verheiratet ist.«

Mose war verheiratet und wusste das schon, deshalb meißelte er nur diese Worte in den Stein:

Du sollst nicht die Ehe brechen.

Acht

Dann sprach Gott zu Mose und sagte zu ihm: »Lehre die Menschen, dass Stehlen böse ist. Stehlen ist böse, weil es einfach nicht in Ordnung ist, einem anderen seine Sachen wegzunehmen. Ihr habt kein Recht, jemandem Sachen wegzunehmen. Ihr habt nur das Recht, euch Sachen zu verdienen. Die meisten Menschen wissen das schon, aber Stehlen wird trotzdem noch ein großes Problem sein, weil es so viele Arten von Stehlen gibt.

Wenn du in einem Geschäft zu viel Wechselgeld bekommst und gibst es nicht zurück, ist das Stehlen. Wenn du etwas verkaufst und behauptest, es sei gut, während es in Wahrheit nur Plunder ist, ist das ebenfalls Stehlen. Wenn du bei einer Klassenarbeit von deinem Nachbarn abschreibst, ist das Stehlen. Wenn du jemandem eine Idee klaust und sagst, es sei deine gewesen, ist das auch Stehlen. Es gibt viele Arten, zu stehlen, aber es gibt nur eine Art, ehrlich zu sein. Nimm also nichts, was dir nicht gehört, gib zurück, was du aus Versehen bekommst, schwindle den Menschen nicht vor, etwas sei wahr, wenn es nicht stimmt. Wenn du dich daran hältst, bist du auf dem richtigen Weg.

Aber auch wenn du noch so sorgfältig auf deine Sachen aufpasst, wird im Laufe deines Lebens doch irgendwer irgendwie einen Weg finden, dir etwas davon wegzunehmen. Wenn das geschieht, dann ärgere dich nicht so sehr, dass du beschließt, zum Ausgleich jemand anderem etwas zu stehlen. Das Stehlen macht dich ebenso schlecht wie den Menschen, der dich bestohlen hat. Vertraue mir. Werde kein Dieb. Denk daran, dass ich die Dinge eines Tages in Ordnung bringen werde.«

Mose hörte all das und wusste, dass die Menschen es schon verstehen würden, wenn er nur schrieb:

Du sollst nicht stehlen.

Neun

Dann sprach Gott zu Mose und sagte zu ihm: »Sage die Wahrheit! Wenn du lügst, wird dir niemand vertrauen. Wenn du lügst, wirst du bald den Unterschied nicht mehr wissen zwischen dem, was wahr ist, und dem, was nicht wahr ist. Und wenn du lügst, werden die Richter nicht gerecht entscheiden können, wen sie ins Gefängnis stecken und wen sie freisprechen sollen. Der beste Grund dafür, die Wahrheit zu sagen, ist einfach, dass ich es will, und ich würde es nicht wollen, wenn es nicht das Rechte wäre.

Aber, Mose, du musst die Menschen auch lehren, dass es *manchmal* in Ordnung ist, ein wenig zu schwindeln. Wenn jemand, der nichts Böses getan hat, sich in deinem Haus vor einem Verfolger versteckt, und der Verfolger kommt und fragt, ob dieser Mensch in deinem Haus ist, weil er diesen Menschen zusammenschlagen will, dann *sollst* du lügen und sagen, dieser Mensch sei nicht in deinem Haus. Denn jemanden zu beschützen, der nichts Böses getan hat, ist wichtiger, als einem brutalen Verfolger die Wahrheit zu sagen.

Und wenn von deinen Freunden und Freundinnen jemand

etwas Neues anhat, das ihm sehr gut gefällt und für das er hart gearbeitet hat, um es sich kaufen zu können, aber du findest, die Sachen sehen doof aus, und wirst gefragt, wie du sie findest, ist es vielleicht besser, zu schwindeln und zu sagen, dass dir die Sachen gefallen. Denn wenn du die Wahrheit sagst, tust du deinem Freund oder deiner Freundin weh.

Auch wenn zwei deiner Freunde sich streiten und eine kleine Lüge hilft ihnen, sich zu versöhnen und wieder gut miteinander zu sein, dann finde ich eine kleine Lüge ebenfalls in Ordnung. Gegen Lügen wie diese habe ich nichts einzuwenden, aber passt gut auf! Lügen ist eine gefährliche Gewohnheit, sogar, wenn man lügt, damit sich die Menschen besser fühlen oder um jemanden zu beschützen.

Wissen, wann man lügen darf und wann man die Wahrheit sagen muss, gehört zu den verzwickten Dingen im Leben. Ich wollte, ich könnte euch helfen, immer zu wissen, was ihr tun sollt, aber das kann ich nicht. Ihr müsst einfach lernen, das Rechte zu tun. Dieses Lernen macht euch erwachsen. Die Wahrheit sagen ist *fast* immer das Beste, aber nicht *ausnahmslos immer.*«

Mose hörte all das und wusste, dass es stimmte, aber er wollte nicht auf zehn Steinen jeweils nur ein einziges, langes Gebot stehen haben. Darum schrieb er nur:

Du sollst nicht falsch gegen deinen Nächsten aussagen.

Zehn

Dann sprach Gott zu Mose und sagte zu ihm: »Sage den Menschen, sie sollen nicht nach dem verlangen, was ihre Nachbarn haben, besonders dann nicht, wenn sich ihr Verlangen auf die

Sachen ihres Nachbarn richtet. Ich bin nicht gegen Sachen, aber es gibt wichtigere Dinge in der Welt als Sachen.

Wenn euer Nachbar ein netter Mensch ist, ist es gut, ein netter Mensch sein zu wollen wie euer Nachbar. Wenn euer Nachbar ein tapferer Mensch ist, ist es gut, so tapfer wie euer Nachbar sein zu wollen. Aber wünscht euch nicht die Sachen eures Nachbarn, denn seine Sachen werden euch nicht zu einem besseren Menschen machen. Das ist überhaupt der springende Punkt bei diesen Zehn Geboten. Es geht darum, euch zu besseren Menschen zu machen, nicht zu Menschen mit besseren Sachen.«

Mose hörte all das, aber auf seinem zweiten Stein war nicht mehr viel Platz, und er wusste, dass er nicht mehr als höchstens zwei Steine tragen konnte, daher beendete er die Zehn Gebote mit den folgenden Worten:

Du sollst nicht nach dem Haus deines Nächsten verlangen. Du sollst nicht nach der Frau deines Nächsten verlangen, nach seinem Sklaven oder seiner Sklavin, seinem Rind oder seinem Esel, oder nach irgend etwas, das deinem Nächsten gehört.

Und nachdem Mose alle diese Worte in den Stein gemeißelt hatte, sagte Gott zu Mose: »Du hast sie genau richtig zusammengefasst, vielen Dank.«

Und Mose sagte zu Gott: »Bitte schön. Könntest du mir jetzt vielleicht helfen, diese Steine aufzuheben?«

Als Mose die Worte in Stein seinem Volk hinunterbrachte, war nicht einmal die knappe Zusammenfassung, die er hingeschrieben hatte, kurz genug. Die Leute wollten eine *ganz kurze* Fassung der Zehn Gebote, die auf einen Stein mittlerer Größe passte und nicht zwei große Steintafeln benötigte. Darum schrieb Mose diese extrakurze Fassung der Gebote für Menschen auf, die nicht viele Worte lesen konnten, oder für Menschen, die viel unterwegs waren und nicht immer eine Menge Steine mitschleppen wollten.

1. Es gibt nur einen Gott.
2. Lass dir ja nicht einfallen, einen anderen Gott zu verehren.
3. Benutze nicht den Namen Gottes zum Fluchen.
4. Ruhe an einem von sieben Tagen.
5. Tu, was deine Mutter und dein Vater dir sagen, und tu es sofort (außer sie verlangen etwas wirklich Böses von dir).
6. Töte niemanden, der nicht versucht, dich zu töten.
7. Schlafe nur mit dem Menschen, mit dem du verheiratet bist.
8. Nimm keine Sachen, die dir nicht gehören.
9. Sage die Wahrheit (fast immer).
10. Verlange nicht nach dem, was andere Menschen haben, einfach, weil sie es haben.

Das zweite Buch Mose 20, 1–17

Die Gebote auf Moses Ärmeln

Mose dachte nach dem zehnten Gebot, dass Gott fertig sei, aber er irrte sich. Nachdem Gott Mose das zehnte Gebot gegeben hatte, sprach er noch weiter und gab ihm Gebot Nummer elf. Mose wusste nicht, was er tun sollte. Er hatte schon zwei große Steine mit den ersten zehn Geboten voll geschrieben und er wusste, dass er auf gar keinen Fall *drei* Steine tragen konnte. Mose war nicht einmal sicher, dass er zwei vom Boden hochheben konnte! Aber Mose wollte Gott nicht bitten aufzuhören, daher schrieb er die zusätzlichen Gebote einfach auf die Ärmel seines Hemdes. Er dachte, wenn er wieder vom Berg runter sei, könnte er sie ja von den Ärmeln abschreiben und auf weitere Steine übertragen.

Hier sind die Gebote, die Mose auf seine Ärmel schrieb:

Elf

Gott sprach zu Mose und sagte zu ihm: »Du meinst vielleicht, sich in einer Schlange vorzudrängen sei eine Kleinigkeit, aber in Wirklichkeit ist es eine ernste Sache. Wenn die Menschen in einer Schlange um etwas anstehen und du mogelst dich vorne in die Schlange hinein, sagst du im Grunde zu all diesen wartenden Menschen so ungefähr dieses: ›Die Regeln im Leben gelten für euch, aber nicht für mich. Ich tue das, was ich will, wann immer es mir einfällt und ohne zu warten, denn ich bin wichtiger als all ihr Schwachköpfe! Es ist mir egal, wie lange ihr schon in dieser Schlange gewartet habt, weil ihr mir egal seid!‹

Dass wir uns in einer Schlange vordrängen, gehört zu den vielen unrechten Dingen, die wir tun und für unwichtig halten, weil sie nicht so schwerwiegend sind wie ein Bankraub oder das Totschießen eines Menschen. Aber, Mose, du musst die Menschen diese wichtige Wahrheit lehren: *Die Menschen tun in großen Dingen Unrecht, weil sie zuerst in kleinen Dingen Unrecht tun. Die Menschen landen auf der schiefen Bahn und tun große schlimme Dinge, auf die es ankommt, weil sie zuerst kleine schlimme Dinge tun, von denen sie meinen, dass es nicht auf sie ankommt.*

Du kannst ihnen auch sagen, Mose, dass dann, wenn sie sterben und ihre Seele in den Himmel kommt, dort oben eine gewaltig lange Schlange auf sie wartet, die *nirgendwohin* führt, und all die Menschen, die sich hier auf Erden in einer Schlange vorgedrängt haben, können sich auf eine *sehr* lange Wartezeit in dieser Schlange gefasst machen.«

Obwohl Mose nur auf seine Ärmel und nicht auf Stein schrieb, kam ihm der kluge Gedanke, dass die Ärmel vielleicht nicht ausreichend Platz bieten könnten, deshalb schrieb er einfach:

Dränge dich in einer Schlange nicht vor.

Zwölf

Gott sprach zu Mose und sagte zu ihm: »Wenn man nicht *bitte* sagt, wenn man etwas möchte, und nicht *danke* sagt, wenn man etwas bekommt, ist das wieder so eine kleine schlechte Sache, die zu großen schlechten Sachen führt.

Bitte und *danke* sind nicht die wichtigsten Wörter: *Ich liebe dich* ist viel wichtiger. Aber *bitte* und *danke* stehen ganz weit oben auf der Liste. *Bitte* und *danke* sind Wörter, die euch dazu bringen, für das, was ihr habt, und das, was ihr bekommt, dankbar zu sein. Manche Menschen werden allein dadurch verwöhnt und selbstsüchtig, dass sie vergessen, *bitte* und *danke* für das zu sagen, was sie möchten und was sie bekommen.

Bitte und *danke* sind eine Art Thermometer für Selbstsucht. Wenn du dir Sorgen machst, deine Kinder seien allmählich verwöhnte Fratzen geworden, dann schreib einfach auf, wie oft sie *bitte* und *danke* sagen. Wenn sie diese Wörter nie sagen, dann sind sie mit Sicherheit verwöhnt, und wenn sie sie immer sagen, dann sind sie ganz bestimmt nicht verwöhnt. Wenn sie sie manchmal sagen, könnten sie sich in die eine oder in die andere Richtung entwickeln und du solltest mit ihnen sprechen und sie daran erinnern, dass *bitte* und *danke* ›Zauberworte‹ sind. Das sind sie, weil sie das Herz öffnen und andere Menschen einlassen. *Bitte* und *danke* erinnern euch auch daran, dass ihr nicht ohne eine Menge Hilfe durchs Leben kommt. Und wenn ihr möchtet, dass ihr diese Hilfe auch weiterhin bekommt, dann spart auch nicht mit *bitte* und *danke*. Diese Wörter sind für die Menschen ein kräftiger Anstoß, freundlich zu euch zu sein.

Und noch ein Letztes, Mose. Bitte danke allen in meinem Namen. Ich weiß, es ist schwer, ein Mensch auf dem Planeten Erde zu sein, aber die meisten Menschen machen ihre Sache großartig, und ich bin sehr stolz auf sie, stolzer, als sie je wissen werden. Das heißt, bei Licht besehen werden sie eines Tages alle genau wissen, wie stolz ich auf sie bin.«

Mose wusste, dass er im Grunde nur aufschreiben musste:

Sag immer bitte und danke.

Dreizehn

Gott sprach zu Mose und sagte zu ihm: »Wenn du in beide Richtungen schaust, ehe du die Straße überquerst, ist deine Chance, sicher auf die andere Seite zu kommen, viel größer, als wenn du einfach auf die Straße rennst und hoffst, es werde schon gut gehen. Das ist der Hauptgrund dafür, dass man in beide Richtungen schauen soll. So, wie manche Leute Auto fahren, sollte man am besten sogar nach links und nach rechts schauen, ehe man auf dem Bürgersteig geht!

Dafür, in beide Richtungen zu schauen, ehe man die Straße überquert, sprechen noch andere gute Gründe. Du könntest dir angewöhnen, in beide Richtungen zu sehen, ehe du überhaupt irgendetwas überquerst. In beide Richtungen zu schauen hilft dir, Dinge aus einer anderen Richtung kommen zu sehen. Manchmal bereitest du dich nur darauf vor, dass Dinge auf *eine* Weise geschehen, und dann geschehen sie – wumms – auf eine andere Weise. Es ist gut, auf Dinge vorbereitet zu sein, die in unerwarteter Weise auf einen zukommen. Und das ist mit ›in beide Richtungen schauen‹ eigentlich gemeint. In beide Richtungen zu sehen hilft dir auch, darüber nachdenken zu lernen, was als Nächstes geschehen wird.

Die Menschen machen eine Menge dumme und unsinnige Dinge, die ihnen schaden, weil sie einfach nicht darüber nachdenken, was als Nächstes geschehen wird. Bevor ihr also anfangt zu rauchen, bevor ihr anfangt zu trinken, bevor ihr anfangt Drogen zu nehmen, bevor ihr – nur von einem Gummiband an den Füßen gehalten – von einer Brücke springt, bevor ihr irgendetwas tut, das aus *einer* Richtung betrachtet nach Spaß aussieht, schaut unbedingt auch in die andere Richtung.

In beide Richtungen zu schauen ist gut, wenn man sicher über die Straße kommen will, aber es ist noch besser, wenn man sicher durch das Leben kommen will.«

Auf Moses Ärmeln war langsam kein Platz mehr, deshalb schrieb er:

Schau in beide Richtungen, ehe du die Straße überquerst.

Vierzehn

Gott sprach zu Mose und sagte zu ihm: »Die Menschen sagen viel zu viel Schlechtes über andere Menschen, das ist die traurige Wahrheit. Wenn ihr nichts Nettes zu sagen wisst – nichts, das jemanden glücklicher oder schöner oder fröhlicher macht, nichts, das hilft und nicht verletzt, nichts, das das Leben erleichtert statt erschwert –, dann ist mein Rat: haltet einfach den Mund! Das Leben ist schwer genug, ohne dass andere Menschen auf euch herumhacken. Das wisst ihr, deshalb hackt nicht auf anderen herum, wenn ihr nicht auch bereit seid, andere auf euch herumhacken zu lassen. Denkt daran, dass sich niemand einen guten Namen macht, indem er die Namen anderer in den Schmutz zieht.

Dennoch, Mose, musst du die Menschen auch lehren, dass sie manchmal Dinge sagen müssen, die nicht nett sind. Wenn sie sehen, dass ein Freund in Schwierigkeiten gerät, müssen sie ihren Freund darauf hinweisen und ihn aufzuhalten versuchen, ehe es zu spät ist. Im Grunde sind die Dinge, die ihr einem Freund oder einer Freundin sagt, wenn sie in Gefahr sind, ihr Leben zu vermasseln, *nette* Dinge, auch wenn sie für den Menschen, der sie hört, nicht nett klingen. Nette Dinge können manchmal schwer zu hören sein und dennoch nett sein.

Wenn du versuchst, etwas Nettes zu sagen, sooft du den Mund aufmachst, wirst du überrascht sein, wie viel Nettes du über andere Menschen zu sagen findest. Das Erstaunliche ist: Je mehr nette Dinge du sagst, desto mehr nette Dinge wirst du sehen.«

Mose schrieb auf einen der letzten sauberen Zipfel seiner Ärmel:

Wenn du nichts Nettes sagen kannst, dann sag lieber gar nichts.

Fünfzehn

Gott sprach zu Mose und sagte zu ihm: »Manche Menschen haben zu viele Sachen, und manche Menschen haben nicht genug Sachen. Das gehört zum Schlimmsten, was du über die Welt lernen wirst. Es gibt viele Gründe dafür, und manchmal kannst du nicht viel dagegen unternehmen. Aber was du gegen die schlechte Verteilung der Sachen auf der Erde tun *kannst*, ist, zu versuchen, deine Sachen möglichst immer mit anderen zu teilen.

Deine Sachen mit Freunden teilen zu lernen ist leicht, denn mit Menschen teilen, die du liebst, ist nicht schwer. Viel schwerer ist es für die Menschen, ihre Sachen mit anderen zu teilen, die sie noch nicht einmal kennen, und ich möchte, dass du ihnen genau das beizubringen versuchst. Sie sollen teilen mit Menschen, die es brauchen, sich aber schämen, darum zu bitten, mit Menschen, die es nötig haben, aber zu krank sind, darum zu bitten, mit Menschen, die es nötig haben, aber eure Adresse oder Telefonnummer nicht wissen und nicht schreiben können, um zu bitten: ›Könntest du bitte deine Sachen mit mir teilen?‹

Sachen teilen macht deine Seele größer und dein Leben besser, und es verhindert, dass du ein herzloser Egoist wirst. Deine Sachen mit anderen zu teilen ist die beste Medizin gegen die Krankheit der Selbstsucht. Sie hilft in jedem Fall!«

Inzwischen hatte Mose begonnen, auf seiner Hose nach Stellen zu suchen, auf die er schreiben konnte, aber fand noch ein bisschen Platz am untersten Ende seines linken Ärmels und schrieb:

Teile deine Sachen.

Sechzehn

Gott sprach zu Mose und sagte zu ihm: »Niemand will den Müll rausbringen. Die Tüte könnte reißen, und dann verteilen sich Hähnchenknochen und leere Suppendosen auf dem ganzen Gehweg und man muss alles wieder einsammeln. Die Menschen hassen es, den Müll rauszutragen, aber jemand muss es ja machen, also könntest du es zum Beispiel tun. Siehst du, Mose, den Müll rausbringen ist wie eine Menge anderer schmutziger Arbeit auch, die niemand tun will – den Müll rausbringen erteilt einem eine großartige Lektion über das Leben. Das Leben besteht nicht nur aus Rosen, und außerdem landen am Ende auch Rosen im Abfall.

Lehre also die Menschen, sich daran zu gewöhnen, in ihrem Leben manche schwere, schmutzige Arbeit zu tun. Wenn alle Arbeit, die du tust, sauber und ordentlich und leicht ist, und wenn deine Arbeit kein bisschen stinkt, dann fängst du vielleicht an, Menschen gering zu schätzen, die jeden Tag ihres Lebens schmutzige Arbeit tun müssen. Das ist falsch. Sie sind so gut wie du und so heilig wie du. Daher solltest du hin und wieder ein bisschen schmutzige Arbeit tun, um dich selbst an all die Arten von Arbeit zu erinnern, die getan werden müssen, wenn ihr auf diesem Planeten Erde in Frieden zusammenleben und nicht in eurem eigenen Müll ersticken wollt.«

Mose hatte endgültig keinen sauberen Zipfel mehr auf seinen Ärmeln, nachdem er geschrieben hatte:

Bring den Müll raus.

Moses Ärmel waren von den Geboten elf bis sechzehn bedeckt, als er mit den beiden großen Steinen den Berg herabkam, auf denen die Gebote eins bis zehn standen. Er ging nach Hause, legte die Steine hin, zog seine Kleider aus, fiel auf sein Bett und schlief fast zwei Tage lang. Während Mose schlief, wusch seine Frau Zippora seine Kleider, und als Mose erwachte, war er etwa eine Sekunde lang froh, saubere Kleider zu haben. So lange brauchte Mose, um zu begreifen, dass die zusätzlichen Gebote weggewaschen worden waren.

Nachdem Mose eine Weile nachgedacht hatte, erinnerte er sich an die zusätzlichen Gebote, aber als er seinen Hammer und seinen Meißel nahm und hinausging, um noch ein paar flache, saubere Steine zu finden, stoppten ihn ein paar Freunde und sagten: »Mose, du warst zu lange auf dem Berg! Zehn solcher Gebote sind schon schwer genug einzuhalten! Die meisten von uns können nicht mehr als sechs befolgen, und wir sind deine Freunde! Wir kennen jede Menge Leute, die nicht einmal zwei schaffen werden! Schreibe um Himmels willen nicht noch mehr Gebote auf!«

Mose stimmte halbherzig zu, aber er erzählte seinen Freunden und ein paar anderen Menschen von den zusätzlichen Geboten, die er auf seine Ärmel geschrieben hatte. Diese Menschen sagten sie ihren Kindern, und im Laufe der Jahre wurden die zusätzlichen Gebote von Eltern an ihre Kinder weitergegeben, die sie wiederum ihren Kindern sagten, wenn sie Eltern wurden. Wenn ihr also die Gebote eins bis zehn wissen wollt, dann schlagt in der Bibel nach. Aber wenn ihr die Gebote elf bis sechzehn wissen wollt, dann hört auf eure Eltern.

Das zweite Buch Mose 20, 1; 24, 3–4

Vom Zusammenkleben der zerbrochenen Zehn Gebote

Mose war ein Mensch, der immer Tempo draufhatte. Mose rannte in die Schule. Mose rannte auf den Spielplatz. Mose rannte zum Mittagessen nach Hause. Mose wollte einfach schnell überallhin kommen und immer als Erster da sein. Gott mochte Mose, aber Gott wollte Mose ein klein wenig bremsen.

Als Mose die Kinder Israels und eine ganze Schar anderer Menschen aus Ägypten herausführte, war Mose der Erste, der allen voran über die Grenze rannte. Er war an der Spitze des Zuges, zusammen mit allen anderen, die flott marschieren konnten – die Teenager und die Jogger. Das Problem war nur, dass der Auszug aus Ägypten kein Unternehmen war, das sich schnell abwickeln ließ. Beim Auszug aus Ägypten war es nämlich so ähnlich wie bei einer langen Autoreise mit der ganzen Familie. Ständig wollte jemand anhalten und zur Toilette gehen. Immer hatte jemand Hunger. Ewig weinte irgendwer, und dauernd stritt sich jemand mit seinem Bruder oder seiner Schwester.

Überdies wurde der Auszug aus Ägypten auch durch die Menschen aufgehalten, die grundsätzlich nicht zügig vorankamen. Denn zum Volk Israel gehörten auch Einbeinige und Menschen ohne Beine, solche, die humpeln, getragen werden oder in einem Wagen fahren mussten. Es gehörten alte Menschen dazu, die häufig stehen bleiben mussten, um zu verschnaufen, sich dann den Schweiß von der Stirn wischten und sagten: »Junge, Junge, ist das heiß!« Es gehörten Blinde dazu, die Blindenhunde brauchten. Es gehörten kleine Menschen dazu, die nicht über die nächste Düne hinwegsehen konnten, und große Menschen, die ständig vom Wind umgeblasen wurden. Es gehörten sogar Menschen dazu, die sich vor allem und jedem derart fürchteten, dass sie am liebsten keinen Schritt vorwärts gegangen wären. Nein, das war keine Schar, die zügig vorankam.

Mose beklagte sich immer wieder bei Gott: »Wir haben zu viele Gebrechliche dabei.« Dann versuchte Gott Mose zu erklären, dass jeder Mensch einmalig sei und dass jeder sich so schnell vorwärts bewegte, wie er eben konnte. Gott versuchte Mose dadurch zu bremsen, dass er dem Volk bei Tag in einer Wolkensäule und bei Nacht in einer Feuersäule voranzog.

Wenn die Wolke oder das Feuer sich bewegte, sollte das Volk weiterziehen. Blieben sie stehen, sollte auch das Volk rasten. Sowohl die Wolkensäule als auch die Feuersäule bewegten sich sehr gemächlich voran.

Langsam kamen das Volk und die Wolke und das Feuer und Mose zum Berg Sinai. Gott befahl Mose, auf den Berg zu steigen und die Zehn Gebote entgegenzunehmen. Natürlich kletterte Mose in Rekordzeit auf den Berg Sinai, und dann ließ Gott ihn, um ihn Langsamkeit zu lehren, vierzig Tage und vierzig Nächte warten, ehe er ihm die Zehn Gebote gab.

Bis Mose wieder vom Berg herabkam, hatte das Volk sich eine goldene Statue in Form eines Kalbes gemacht und tanzte singend um sie herum: »Mose ist weg! Seine Zeit ist vorbei! Morgen werden wir alle im Eiltempo weiterziehen!« Mose war so zornig auf das Volk, weil es das Goldene Kalb zu seinem Gott gemacht hatte, dass er die Zehn Gebote zu Boden schmetterte und sie in tausend Stücke zersprangen.

Dann stieg Mose noch einmal auf den Berg, um sich von Gott einen neuen Satz Zehn Gebote zu holen. Aber Gott sagte zu Mose: »Bist du verrückt? Ich habe dir gerade das Beste gegeben, was ich dir zu geben hatte, und du hast es zerschmettert, weil du über ein Kalb zornig warst! Und noch nicht einmal über ein echtes Kalb! Es war nur eine Statue von einem Kalb. Warum sollte ich dir die Zehn Gebote ein zweites Mal geben? Wenn ich sie dir noch einmal gebe, wirst du wahrscheinlich nur noch einmal einen Zorn bekommen und sie wieder zerschlagen. Vergiss es, Mose! Du hast sie bekommen, du hast sie zerschmettert, du klebst sie schön wieder zusammen.«

Mose sagte: »Gott, ich kann die Zehn Gebote auf keinen Fall wieder zusammenkleben. Ich habe sie in tausend Stücke zerschlagen.«

Gott sagte: »Dann nimm dir tausend Leute, die sie dir wieder aufheben!«

»Gott, ich habe keinen Steinkleber!«, rief Mose, aber Gott hörte nicht mehr zu.

Mose stieg den Berg hinab und sagte: »Gott hat mir befohlen, die Stücke der Zehn Gebote wieder zusammenzusetzen. Wer ist bereit, mir zu helfen?«

Die Leute, die für Tempo waren, sagten zu Mose: »Das sind doch nur Steinsplitter. Vergiss sie, Mose. Wir machen, dass wir weiterkommen.« Also ging Mose allein zu der Stelle zurück, an der er die Zehn Gebote zerschmettert hatte, und begann die Bruchstücke durchzusehen. Er fand ein paar mit ganzen Wörtern darauf und einige mit mehreren Buchstaben und manche mit nur einem Stück von einem Buchstaben. Als es dunkel wurde, hatte Mose einen Haufen Wörter und Buchstaben, aber er hatte keine Möglichkeit, sie zusammenzusetzen. Weinend schlief er ein.

Am Morgen, als er erwachte, sah Mose etwas Erstaunliches. Rings um ihn her waren Menschen, die nach Bruchstücken der Zehn Gebote suchten. Es waren solche ohne Beine oder mit nur einem Bein oder mit kraftlosen, kranken Beinen, und alle krochen auf der Erde herum. Es waren alte Menschen, die ein paar Stücke fanden und dann innehielten, um zu verschnaufen, sich den Schweiß von der Stirn wischten und sagten: »Junge, Junge, ist das heiß!« Es waren Blinde, die die Erde rund um sich her nach Steinsplittern mit Buchstaben abtasteten. Es waren *auch* ein paar von den Eiligen da, die ein bisschen nachgedacht und eingesehen hatten, dass flott weitergehen nur so lange in Ordnung war, als man dabei nicht einfach außer Acht ließ, was um einen herum geschah. Alle diese Menschen waren also an dem Ort versammelt, wo Mose die Steintafeln mit den Geboten zerschmettert hatte, und halfen ihm.

Am Ende des Tages war der Haufen der Bruchstücke mit Wörtern und Buchstaben schon viel größer geworden, aber als die Menschen eine Woche lang versucht hatten, die Stücke zusammenzusetzen, hatten sie nur ungefähr die Hälfte der Gebote wieder beisammen, und manchen begann der Mut zu sinken. Mose sagte zu ihnen: »Sorgt euch nicht darum, wie lange es dauert. Die Zehn Gebote sind das Beste, was Gott uns je gegeben hat. Ich habe sie zerschlagen, und daran sind euer Kalb und mein Zorn schuld. Wir müssen uns Zeit nehmen und in Ordnung bringen, was wir vermasselt haben.«

Und da sagte Gott zu Mose, er solle noch einmal auf den

Berg kommen und sich einen zweiten Satz der Zehn Gebote holen. Als Mose diesmal vom Berg herabkam, gab es kein Goldenes Kalb. Die Menschen warteten auf Mose und hofften, er komme heil zurück.

Gott sagte Mose, er solle eine besondere, mit Gold verzierte Lade zur Aufbewahrung der Zehn Gebote machen, damit sie nicht aus Versehen noch einmal zerschlagen würden. Es dauerte lange, die Lade zu machen, aber niemand beschwerte sich, und niemand drängte zur Eile.

Als alles fertig war, legte Mose die Zehn Gebote in die Lade, und dann sagte er zu seinem Volk: »Ich weiß, dass wir die Bruchstücke zusammen mit den ganzen Tafeln in die Lade legen sollen. Ich weiß jetzt, wir dürfen nicht vergessen, dass sogar die Bruchstücke von Gottes Wort heilig sind. Und vor allem weiß ich jetzt, dass keiner von den Gebrechlichen wegen seines Alters oder seiner Schwerhörigkeit oder seiner schlechten Augen oder seiner Langsamkeit oder seines Gedächtnisses ein kaputter Mensch ist. Ich hätte das schon die ganze Zeit wissen müssen. Danke euch allen, die ihr mich gelehrt habt, dass wirklich kaputte Menschen nur die sind, die die Hoffnung verlieren oder die vergessen, dass Gott mit ihnen ist und sie immer liebt.«

Also legten sie das heile Exemplar der Zehn Gebote und die zersplitterten Zehn Gebote in dieselbe goldverzierte Lade. Und sie nahmen sie mit und trugen sie Tag für Tag in der Mitte ihres Zuges. Niemand beklagte sich, dass sie langsamer vorankamen, weil sie die Lade mitschleppten. Auch ging Mose von nun an am Ende des Zuges und half den Einbeinigen vorwärts zu humpeln und suchte den Blinden einen Hund, der sie führte. Zu den alten Menschen, die unterwegs stehen blieben, um zu verschnaufen, und sich den Schweiß von der Stirn wischten, sagte Mose: »Junge, Junge, ist das heiß!«

Und sie antworteten ihm: »Ganz recht, du Springinsfeld – aber mach dir keine Sorgen. Wir werden alle dort ankommen, wo wir nach Gottes Willen ankommen sollen … wir dürfen nur nicht zu schnell gehen.«

Das zweite Buch Mose 32, 1–19; 34, 1–2

Der Briefkasten Gottes

Segne auch mich!

Ein Segen ist eine merkwürdige Sache. Heute benutzt man das Wort »Segen« im Englischen nur noch häufiger, wenn jemand in der Nähe niest, denn dann sagt man: »Gott segne dich!« Und dabei denken die Leute im Stillen in Wahrheit: Oh, Gott, hoffentlich habe ich keine von diesen Schnupfenbazillen abgekriegt! In alten Zeiten, also in den Tagen von Abraham, Isaak und Jakob, Sara, Rebekka, Lea und Rahel war ein Segen eine sehr ernste Sache. Er war eine ganz besondere, einmalige Angelegenheit und hatte nichts mit dem Niesen zu tun. Wenn ein Vater alt geworden und dem Tode nahe war, erteilte er seinem Sohn einen Segen. Dieser Segen hieß der »Große Letzte Segen«. Meist bekam der älteste Sohn diesen Großen Letzten Segen, aber nicht immer. Das Besondere an diesem Segen war, dass der alte, sterbende Vater ihn dann, wenn er ihn einem seiner Söhne erteilt hatte, nicht mehr zurücknehmen und nichts mehr daran ändern konnte!

Jeder Sohn wollte den Großen Letzten Segen erhalten, weil so viel damit verbunden war. Wer diesen Segen bekam, erbte allen Besitz seines Vaters, wurde Oberhaupt der Familie und konnte über alle anderen bestimmen, und wer den Großen Letzten Segen nicht bekam, ging leer aus.

Abraham hatte zwei Söhne: Isaak und Ismael. Nur einer von beiden konnte den Großen Letzten Segen bekommen, und obwohl Abraham sagte, er hätte beide Söhne gleich lieb, hatte er in Wahrheit doch Isaak lieber. Isaak war der Sohn Saras, der Lieblingsfrau Abrahams. Wenn die beiden Jungen miteinander spielten und sich stritten, sagte Abraham immer, ohne zu fragen, wer schuld sei: »Ismael! Warum ärgerst du deinen Bruder Isaak? Lass ihn in Ruhe!« Kurz vor seinem Tod gab Abraham Isaak den Großen Letzten Segen.

Ismael weinte und sagte: »Bitte, Vater, segne auch mich!« Aber wenn der Große Letzte Segen erst einmal erteilt war, blieb für einen anderen Sohn nichts mehr übrig.

Isaak hatte zwei Söhne: Jakob und Esau. Isaak behauptete noch nicht einmal, er hätte beide gleich lieb. Er sagte vor allen in der Familie, die es hören wollten: »Ich liebe Esau mehr als Jakob, denn Esau ist ein Jäger, und Jakob ist ein Weichling!«

Jakob wusste von klein auf, dass Esau den Großen Letzten Segen bekommen würde. Er ging zu Isaak und rief: »Vater, segne auch mich!« Aber Isaak hörte nicht auf Jakob.

Kurz vor seinem Tod, als er schon sehr alt und fast blind war, bat Isaak Esau, ihm ein besonderes Wildgericht zu bereiten, dann wolle er ihm den Großen Letzten Segen erteilen. Das hörte Isaaks Frau, Rebekka, und da sie Jakob mehr liebte als Esau, griff sie zu einer List. Als Esau aufs Feld hinausgegangen war, um das Wild zu jagen, dessen Fleisch er für sein Gericht brauchte, kochte sie zusammen mit Jakob ein anderes Gericht. Jakob gab es Isaak zu essen und brachte ihn durch einen Trick dazu, ihm den Großen Letzten Segen zu erteilen. Als Esau mit dem fertigen Gericht zu seinem Vater kam, erkannte Isaak, dass er den falschen Sohn gesegnet hatte, aber nun war es zu spät, und er konnte nichts mehr daran ändern, denn wie ihr schon wisst, kann man einen Großen Letzten Segen nicht zurücknehmen. Esau rief: »Vater, segne auch mich!« Aber Isaak konnte Esaus Wunsch nicht erfüllen.

Jakob wurde erwachsen und hatte zwölf Söhne und eine Tochter. Dreizehn Kinder waren sogar für die damalige Zeit viel, aber nicht alle diese Kinder hatten dieselbe Mutter. Damals durften die Männer nämlich mehr als eine Frau haben. Jakob hatte vier Frauen: Rahel, Lea, Bilha und Silpa.

Einer von Jakobs Söhnen hieß Josef. Er war der Sohn Rahels, die Jakobs Lieblingsfrau war, und daher dachten alle übrigen Brüder, Josef würde den Großen Letzten Segen erhalten. Eines Tages schenkte Jakob dem Josef einen wunderschönen Rock in vielen Farben. Das war zu viel. Die Brüder taten sich zusammen und fassten den Plan, Josef loszuwerden, denn sie sagten zueinander: »Wenn Vater diesen durchtriebenen Kerl nicht findet, kann er ihn auch nicht segnen!« Und als sich eine Möglichkeit bot, verkauften sie ihren Bruder Josef als Sklaven an Männer, die nach Ägypten zogen. Sie tauchten seinen bunten Rock in Schafsblut und erzählten Jakob, Josef sei von einem wilden Tier getötet worden.

Als Jakob den blutigen Rock sah und die Geschichte dazu hörte, wusste er sofort, dass seine Söhne logen. Denn wenn ein wildes Tier einen von seinen Söhnen hätte fressen wollen, dann hätte es sich einen langsamen, dicken ausgesucht, wie Ruben oder Levi, und nicht einen flinken, mageren wie Josef. Deshalb wusste Jakob gleich, dass seine Söhne Josef etwas Schlimmes angetan hatten, um zu verhindern, dass Josef den Großen Letzten Segen erhielt.

Josef kam als Sklave nach Ägypten, aber er blieb nicht lange ein Sklave. Gott half ihm, ein guter Traumdeuter zu werden, und die Träume der Menschen zu deuten war schon immer eine einträgliche Sache. Eines Tages brauchte der Pharao jemanden, der ihm einen Traum deutete, deshalb ließ er Josef rufen, und der deutete den Traum des Pharaos so gut, dass der Pharao Josef freikaufte und reich machte.

Als im Land Israel einmal sehr lange kein Regen mehr gefallen war, zogen die Brüder Josefs nach Ägypten, um Getreide zu kaufen, und dort fanden sie Josef, und Josef erkannte auch sie. Sie sagten alle, es täte ihnen Leid, und sie meinten es alle ehrlich.

Als Jakob sehr alt war und sicher wusste, dass er nun bald sterben müsse, rief er alle seine Kinder zusammen und sagte ihnen, es sei Zeit für den Großen Letzten Segen. Da riefen alle Kinder Jakobs im Chor: »Nein, nein! Nicht den Großen Letzten Segen! Tu alles, was du willst, Vater, aber bitte gib nicht den Großen Letzten Segen! Wir *hassen* den Großen Letzten Segen!«

Jakob sagte: »Keine Angst, meine Kinder. Mit dem Großen Letzten Segen ist es vorbei. Er gehört abgeschafft, weil er keine gute Idee war. Der Große Letzte Segen hat ein Kind reich gemacht und alle anderen ins Elend gestürzt. Das ist schlecht. Der Große Letzte Segen wurde noch nie von einer Mutter erteilt und nie einem Mädchen. Das ist schrecklich. Dabei hat Gott noch nie jemanden dazu aufgefordert, einen Großen Letzten Segen zu erteilen. Ich weiß nicht, wie er entstanden ist, aber ich weiß, wie er aufhören wird. Er wird bei mir aufhören. Ich werde jedem meiner Kinder einen eigenen Segen geben, und wenn ich sterbe, dürft ihr meinen Besitz untereinander teilen. Keiner von euch soll mehr und keiner weniger erhalten als ein anderer.«

Alle Kinder Jakobs klatschten Beifall und umarmten ihren Vater. Jakob rief jedes seiner Kinder einzeln zu sich, gab jedem seinen Segen und drückte es fest an sein Herz. Dann sagte er: »Ich liebe euch alle in gleicher Weise, gleich viel, gleich stark und gleich tief. Ein jedes von euch ist ein Segen für mich. Jetzt geht hinaus und seid ein Segen für die Welt!«

Und dann starb Jakob, und alle in seinem Umkreis waren sich einig, dass sein Leben der größte Segen von allen gewesen war.

Das erste Buch Mose 27, 34

Die Ränder abernten

Korah fürchtete immer, andere könnten ihm etwas wegnehmen. Als er noch ein Kind war und gemeinsam mit anderen Kindern mit Bachkieseln Murmeln spielte, was damals das einzige Spiel war, zählte er immer seine Kiesel, wenn die Kinder wieder gegangen waren, um zu sehen, ob ihm eines von ihnen einen Kiesel weggenommen hatte. Und als Korah erwachsen geworden war, hatte er sich kein bisschen geändert. Hatte er Weinreben gepflanzt, zählte er später jede einzelne Traube. Hatte er Weizen gesät, zählte er später jeden Halm. Es war ein ziemlich seltsamer Anblick, wenn auf einem großen Weizenfeld an jedem Halm ein Namensschildchen hing oder in einem großen Weinberg auf jeder Traube Zahlen standen. Alle, die das sahen, sagten dasselbe: »Da tut der dumme, selbstsüchtige Korah wieder etwas Dummes, Selbstsüchtiges, um ganz sicherzugehen, dass ihm niemand etwas wegnimmt.« Mose war mit Korah verwandt und versuchte ihn zu ändern, aber selbst Mose hatte kein Glück.

Als der Weizen reif war, schnitt Korah ihn Halm für Halm ab und hob jedes Korn auf, das auf die Erde fiel. Mose sagte zu Korah: »Das darfst du nicht tun. Gott hat uns geboten, den Weizen liegen zu lassen, der in den Feldern auf die Erde fällt, damit die Armen, wenn wir mit der Ernte fertig sind, auf unsere Felder kommen, den heruntergefallenen Weizen aufheben und auch Brot für sich backen können.«

»Sollen die Armen doch heruntergefallene Weizenkörner vom Feld eines anderen holen!«, knurrte Korah. »Mir nimmt keiner etwas weg!«

Als Korah die Weizenhalme schnitt, schnitt er jeden Halm in allen Feldern ab, ganz bis an den Rand. Mose sagte zu Korah: »Das darfst du nicht tun. Gott hat uns doch geboten, die Ränder unserer Felder nicht abzuernten, damit die Armen kommen und den Weizen schneiden können, der an den Rändern wächst, und auch für sich Brot backen können.«

»Sollen sie Weizen von den Rändern anderer Leute Felder holen«, brummte Korah. »Mir nimmt keiner etwas weg.«

Wenn Korah die Trauben von seinen Reben pflückte, pflückte er jede einzelne Traube ab und zählte jede einzeln, wenn er sie in den Korb legte. Mose sagte zu Korah: »Das darfst du nicht tun. Gott hat uns geboten, ein paar Beeren an den Reben zu lassen, damit die Armen in unsere Weinberge kommen, ein paar übrig gebliebene Trauben pflücken und auch Wein für sich machen können.«

»Sollen sie die übrig gelassenen Trauben aus dem Weinberg eines anderen pflücken«, kicherte Korah. »Mir nimmt keiner etwas weg.« Korah schrieb ein großes Schild und stellte es in sein Weizenfeld. Auf dem Schild stand: WEIZENRÄUBER, FINGER WEG! Und in seinen Weinberg stellte er ein Schild, auf dem stand: TRAUBENDIEBE, FORT MIT EUCH!

So ging das viele Jahre lang. Korah wurde immer selbstsüchtiger und immer reicher. Dann geschah in einem Jahr etwas ganz Unheimliches. In jenem Jahr gab es eine reiche Weizen- und Traubenernte für alle außer Korah. Wenn es regnete, regnete es auf alle Felder außer den Feldern Korahs. Wenn die Sonne herauskam, schien sie auf alle Felder außer den Feldern

Korahs. Als Schädlinge kamen, ließen sie alle Felder ungeschoren, außer den Feldern Korahs, wo sie alles kahl fraßen. Als die Feldfrüchte reif waren, hatten alle große Ähren außer Korah, der keine Ähren hatte. Korah hatte nur viel Staub und viele Schädlinge.

Korah hatte all sein Geld für Schädlingsbekämpfungsmittel und Bewässerung ausgegeben, aber nichts hatte geholfen. Korah hatte nichts zu essen im Haus, er hatte keinen Wein, keine Trauben, keine Äpfel, keinen Honig und kein Brot. Viele Leute freuten sich, dass Korah nichts hatte. Die meisten sagten hinter seinem Rücken: »Dieser alte Geizkragen, der immer nur an sich selbst denkt! Hoffentlich lernt er jetzt, wie es ist, nichts zu haben.« Korah saß still in seinen staubigen Feldern voller Schädlinge, hatte den Kopf in den Händen vergraben und weinte.

Hätte Korah nicht Mose gehabt, wäre er verhungert. Mose brachte ihm Brot und Trauben und versuchte ihn aufzumuntern. Dann kam die Erntezeit heran, und Mose kam zu Korah und forderte ihn auf mitzukommen. »Wohin gehen wir denn?«, fragte Korah Mose.

»Komm nur, du wirst schon sehen.«

Sie gingen zu einem nahe gelegenen Feld, das schon abgeerntet war. An seinen Rändern standen aber noch Weizenhalme, und auf der Erde lagen viele abgeschnittene Ähren. Eine ganze Schar armer Leute stand um das Feld herum und wartete.

Da sagte der Bauer: »So, Leute, ihr könnt kommen. Der Weizen auf diesem Feld ist für jeden, der ihn nötig hat. Ich habe die Ränder nicht abgeerntet, und ich habe nichts von dem aufgehoben, was auf die Erde fiel, es gibt also reichlich für euch alle.« Die Armen rannten auf das Feld, aber Korah stand einfach nur da.

»Das ist nicht mein Feld«, sagte Korah zu Mose. »Es ist nicht mein Weizen. Ich kann ihn nicht nehmen. Lieber will ich verhungern.«

Mose legte den Arm um Korah und redete ihm gut zu. »Korah, alles gehört Gott. Der Weizen und die Trauben, der Bauer und die Felder, die Sonne und der Regen, die Schädlinge und die Kühe – alles gehört Gott. Wir mieten alle diese Dinge sozusagen von Gott, und wir zeigen, dass wir wissen, dass sie Gott gehören, indem wir etwas von dem weggeben, was Gott uns gibt. Es ist im Grunde ganz einfach. Alles gehört Gott, und wir können ruhig etwas übrig lassen von dem, was da ist.«

Korah versuchte zu lächeln und sagte: »Alles, was ich wegzugeben habe, sind Schädlinge.«

Da kam ein kleines Mädchen zu Korah, reichte ihm ein paar Weizenhalme und sagte: »Da, nimm. Gott hat uns genug gegeben. Du kannst auch was haben.«

An diesem Abend aß Korah Brot und Trauben. Als er gegessen hatte, betete er zu Gott. Es war das erste Gebet, das er je an Gott richtete: »Gott, ich danke dir, dass du deine Sachen mit mir teilst. Ich will mich bemühen, meine Sachen von nun an auch zu teilen.«

Im nächsten Jahr bekamen Korahs Felder Sonne und Regen, der Weizen wuchs hoch, und die Trauben wurden prall und saftig. Zur Erntezeit rief Korah alle auf seine Felder und sagte: »Dieses Jahr habe ich die Ränder meiner Felder nicht abgeerntet. Dieses Jahr habe ich überhaupt nichts geerntet. Ich gebe all meinen Weizen und all meine Trauben den Menschen, die so viele Jahre lang gar nichts von mir bekommen haben. Und wenn noch etwas übrig bleibt, werde ich es den wilden Tieren lassen.« Alle klatschten Korah Beifall, und Mose umarmte ihn voller Freude.

An jenem Abend bekamen sogar die Hasen Brot und Wein. An jenem Abend hatte jeder genug zu essen.

Das dritte Buch Mose 19, 9

Drei grüne Dinge und ein gelbes

Eines Tages sprach Gott mit Mose über die Zukunft. Gott sagte Mose, dass zwar alle Menschen, die Mose kennt, in Zelten lebten und Schafe hüteten, in Zukunft aber fast niemand mehr in Zelten leben oder Schafe hüten würde. »Wie werden sie dann leben, und was werden sie den ganzen Tag tun?«, fragte Mose mit großem Interesse.

»In Zukunft«, antwortete Gott, »werden die Menschen in Häusern und Wohnungen leben, und sie werden für ihre Arbeit Computer benutzen.«

»Was ist ein Haus?«, fragte Mose.

Gott dachte nach und sagte dann: »Ein Haus ist eine Art festes Zelt, das immer an derselben Stelle stehen bleibt.«

»Und was ist eine Wohnung?«, fragte Mose.

Gott antwortete: »Eine Wohnung ist ein Teil von einem großen Haus, in dem man sozusagen mehrere Häuser aufeinander stapelt, um Platz zu sparen.«

»Gibt es in Zukunft keinen Platz mehr?«, fragte Mose.

Gott sagte: »Es wird eine Menge Platz geben, aber nicht in den Großstädten, wo die meisten Menschen leben wollen. Deshalb werden sie Wohnungen brauchen.«

Mose sagte: »Das verstehe ich nicht. Warum möchten die Menschen später in Städten leben, wo sie ihre Häuser übereinander stapeln müssen, wenn es auf dem freien Feld und in den Hügeln genügend Platz gibt?«

Gott sagte: »Das ist eine sehr gute Frage, Mose. Ich verstehe es selbst nicht ganz. Aber soweit ich es begreife, werden die Menschen in Städten wohnen wollen, weil in den Städten die meisten guten Arbeitsplätze und alle guten Restaurants zu finden sind.«

»Was ist ein Restaurant?«, fragte Mose.

Gott antwortete: »Ein Restaurant ist ein Ort, an dem andere alle möglichen köstlichen Speisen für einen kochen, und wenn man mit dem Essen fertig ist, räumen sie ab und machen alles wieder sauber. Man bezahlt ihnen Geld, damit sie das für einen tun.«

»Ich wollte, wir hätten auch Restaurants«, seufzte Mose.

»Keine Bange«, sagte Gott, »ihr werdet bald genug davon haben.«

Mose fragte: »Wird es in den Städten Bäume geben?«

Gott antwortete: »Nicht genug. Es wird nicht annähernd genug Bäume in den Städten geben, und die Luft wird in den meisten Städten so schlecht sein, dass es die Bäume dort schwer haben werden, zu wachsen.«

»Vielleicht werden die Menschen in Zukunft einen Weg finden, die guten Restaurants zu behalten und die schlechte Luft loszuwerden?«, fragte Mose.

»Vielleicht«, antwortete Gott.

Nach einer Pause fragte Mose: »Was ist ein Computer?«

»Ein Computer«, antwortete Gott, »zählt Dinge und schreibt Dinge sehr schnell auf.«

»Warum müssen die Menschen in Zukunft so schnell zählen und schreiben? Werden sie so viele Schafe zu zählen haben?«, fragte Mose.

»Nein«, sagte Gott. »Die meisten werden gar keine Schafe haben. Die meisten werden davon leben, dass sie Dinge tun, die nichts mit Tieren oder mit der Erde zu tun haben. Aber das, was sie tun, um ihren Lebensunterhalt zu verdienen, wird schnelles Rechnen und Schreiben erfordern, und deshalb werden sie Computer brauchen.«

Mose fragte Gott: »Hast du denn keine Möglichkeit, den Menschen zu helfen, sich noch an das Land und die Schafe zu erinnern, wenn sie in Städten leben und in Restaurants essen und mit Computern rechnen und schreiben?«

Gott dachte eine Weile nach und sagte dann: »Ich habe eine Idee, wie ich den Menschen helfen kann, sich an das Land zu erinnern. Ich werde ihnen ein Fest geben, an dem sie draußen in Hütten schlafen müssen. Auf diese Weise werden sie sich wenigstens einmal im Jahr daran erinnern, wie Tau auf den nächtlichen Pflanzen riecht, und wie die Sterne aussehen, wenn man sich abends ohne Dach über dem Kopf hinlegt und in den Himmel hinaufblickt.«

Mose dachte nach und sagte: »Was ist eine Hütte?«

Gott antwortete rasch: »Die Hütte, die ich im Sinn habe, ist eine Art Zelt mit einem Dach aus belaubten Zweigen statt aus Tierhäuten.«

»Dein Plan gefällt mir«, sagte Mose. »Es wird auf alle Fälle besser riechen als in einem Zelt aus Tierhäuten. Was werden sie in die Hütten mitnehmen, um sich an das Land zu erinnern?«

Gott sagte Mose: »Ich werde sie Früchte und Flaschenkürbisse und runde Kürbisse und Weizenhalme und Äpfel und Honig und vielleicht auch ein paar Sandwiches mit Erdnussbutter und Gelee in die Hütten bringen lassen.«

»Sie werden die Sandwiches mögen«, sagte Mose, obwohl er noch nie Erdnussbutter mit Gelee probiert hatte. Er stellte sich vor, es sei irgendetwas Ausgefallenes, das es im Restaurant gab.

Gott sagte: »Das ist noch nicht alles, Mose. Ich werde sie bitten, zu diesem Fest in die Hütten drei grüne Dinge mitzubringen und ein gelbes.«

Mose fragte: »Wie bitte?«

Und Gott sagte: »Ich habe drei grüne Dinge und ein gelbes ausgesucht, um die Stadtmenschen an das Land und die Dinge, die darauf wachsen, zu erinnern.«

»Was ist das Gelbe?«, fragte Mose.

Gott sagte: »Eine Zitronat-Zitrone.«

»Was ist eine Zitronat-Zitrone?«

Gott antwortete: »Eine Zitronat-Zitrone ist eine Art verschrumpelte Zitrone ohne Saft.«

Mose lachte: »Warum um alles in der Welt suchst du ausgerechnet so eine merkwürdige Frucht aus?«

Gott antwortete: »Weil die Zitronat-Zitrone wunderbar riecht, wenn man an ihrer Schale kratzt, und das wird die Menschen lehren, dass man an der Welt kratzen muss, damit sie gut riecht. Es wird sie lehren, dass sie die Schönheit der Welt finden müssen, indem sie hinausgehen und sich mit ihr befassen, nicht einfach, indem sie darüber lesen oder sie im Fernsehen anschauen.«

»Was ist Fernsehen?«, fragte Mose.

»Das erkläre ich dir später«, antwortete Gott. »Es kommt nach den Restaurants und vor den Computern.«

Mose fragte: »Was sind die grünen Dinge, die du die Menschen in die Hütten mitbringen lassen willst, zusammen mit der komischen Zitrone ohne Saft?«

Gott sagte: »Ich will, dass sie einen Palmwedel mitbringen.«

»Was ist ein Wedel?«

»Ein Wedel ist ein Palmblatt«, antwortete Gott.

»Warum nennen sie es dann nicht einfach Blatt?«, fragte Mose.

»Sie nennen es nicht Blatt, weil es gefächert oder gefiedert ist!«

»Aha«, sagte Mose. »Und was soll der Palm*wedel* sie lehren?«

»Der Palmwedel«, sagte Gott, »ragt aufrecht und breit in die Höhe, und das wird sie lehren, sich aufrecht hinzustellen und für die Erde zu kämpfen.«

»Was sind die beiden anderen grünen Dinge?«

»Ein Zweig von einem Myrtenbaum und ein Zweig von einer Bachweide.«

»Wofür, um alles in der Welt, sind die denn gut?«, fragte Mose.

Gott sagte: »Jedes Blatt der Myrte ist geformt wie ein Auge, und das wird sie lehren, ein waches Auge auf jeden zu haben, der Schmutz in meine saubere Luft und mein Wasser und mein Land bringt. Der Bachweidenzweig wird sie lehren ...«

»Das weiß ich!«, fiel Mose Gott ins Wort. »Die Trauerweide wird uns Menschen daran erinnern, um all die Tiere zu weinen, die wir töten oder die ihr Zuhause verlieren, wenn wir die Bäume fällen, in denen sie leben, oder die krank werden von dem Müll, mit dem wir das Wasser, die Luft und die Erde verschmutzen. Wenn wir uns keine Gedanken darüber machen, weinen wir auch nicht, und wenn wir nicht weinen, können wir auch nicht zornig genug werden, um die Dinge zu ändern, so dass die Welt, die du uns gegeben hast, sauber bleibt. Ist es das, was die Bachweide uns lehren soll?«

»Genau das ist es«, sagte Gott sanft. »Drei grüne Dinge und ein gelbes, für eine Welt, die sauber zu euch kam und die euer aller Hilfe braucht, um sauber zu bleiben.«

»Kannst du mir jetzt erklären, was Fernsehen ist?«, fragte Mose Gott.

»Später«, sagte Gott. »Geh erst mal ein Buch lesen.«

Das dritte Buch Mose 23, 39–43

Elischa, der Pfannkuchenjäger

Die Menschen schätzen Eier, und zwar vor allem wegen der Pfannkuchen. Wenn man keine Eier hat, kann man keine Pfannkuchen backen, und wenn man keine Pfannkuchen hat, muss man jeden Morgen Haferbrei zum Frühstück essen. Nun ist Haferbrei zwar gesund, aber wenn die Menschen zwischen Haferbrei und Pfannkuchen wählen können, entscheiden sich die meisten stets für Pfannkuchen. Also ist die Sache ganz einfach: Die Menschen brauchen Pfannkuchen, und für die Pfannkuchen braucht man Eier, also brauchen die Menschen Eier.

In vergangenen Zeiten kamen die Menschen auf unterschiedlichen Wegen zu Eiern. Manche stellten abends Eierkartons in den Wald hinaus, wo die Wildhühner lebten, und hofften, dass die Hühner bis zum Morgen ein paar Eier in die Kartons legen würden. Das war schon damals eine bekloppte Idee. Die meisten machten sich dann, wenn sie Pfannkuchen wollten, auf den Weg oder beauftragten einen Pfannkuchenjäger, Eier zu besorgen. Der Pfannkuchenjäger war ein Mann, der durch den Wald streifte und nach Vogelnestern Ausschau hielt, denn wo es Vogelnester gab, musste es auch Eier geben, und wo es Eier gab, konnte man auch Pfannkuchen backen!

Wenn die Pfannkuchenjäger ein Nest mit Eiern fanden, auf dem die Vogelmutter saß und brütete, dann pirschten sie sich heran und verscheuchten die Mutter, indem sie »Sch! Sch!« riefen, damit sie nicht nach ihnen pickte, wenn sie ihr die Eier wegnahmen. Dann brachten sie die Eier den Leuten, die sie beauftragt hatten. Diese konnten dann Pfannkuchen backen, und der Jäger bekam sein Geld (und meist obendrein noch ein oder zwei Pfannkuchen für seine Mühe).

Dann dachte eines Tages ein erfolgreicher Pfannkuchenjäger namens Elischa bei sich: Warum sollte ich die Vogelmutter entwischen lassen? Wenn ich sie *und* die Eier nehme, habe ich *zwei* Waren zu verkaufen. Und so geschah es. Von diesem Tag an fingen die Pfannkuchenjäger auch die Vogelmutter und verkauften sie für Vogelmuttersuppe und nahmen die Eier und verkauften sie für Pfannkuchen. Das taten sie viele Tage lang. Dann kamen eines Tages Elischa und ein paar andere Pfannkuchenjäger aus dem Wald zurück. Ihre Auftraggeber warteten ungeduldig auf sie, weil ihre Kinder Pfannkuchen wollten, und zwar auf der Stelle! Und Elischa sagte ihnen: »Tut mir Leid, Leute, heute gibt es keine Pfannkuchen. Wir haben den ganzen Wald abgesucht und wir haben kein einziges Nest gefunden. Wir haben keine Vogelmutter gesehen, wir haben keine Eier gesehen und wir sind todmüde. Das ist alles.« Und am nächsten Tag ging es genauso und am nächsten wieder und am übernächsten auch.

Da sprach eines Abends Gott zu Elischa, nachdem er ihn aus dem tiefsten Schlaf geweckt hatte. »Du willst ein Pfannkuchenjäger sein?«, sagte Gott. »Ich will dich etwas fragen. Was glaubst du, woher die Eier kommen?«

»Von Vogelmüttern«, antwortete Elischa mit leiser, schwankender Stimme, denn wenn man mit Gott spricht und überhaupt etwas sagen kann, dann kommt es meist leise und schwankend heraus.

»Und was glaubst du, woher Vogelmütter kommen?«, fragte Gott Elischa.

»A-a-aus Eiern.«

»Erraten!«, sagte Gott. »Und was meinst du, woher die Eier kommen werden, aus denen die Vogelmütter schlüpfen können, die dann wieder Eier legen, wenn du alle Eier und alle Vogelmütter nimmst, die du finden kannst? Ich habe euch eine gute Welt mit vielerlei Nahrung gegeben, aber wenn ihr euch benehmt wie die Schweine und schon jetzt alles auffresst, werden eure Kinder und Kindeskinder nie mehr Pfannkuchen essen können! Geht also achtsam mit all den Tieren und lebendigen Wesen um, die ich euch als Nahrung gegeben habe. Wenn ihr heute alles aufesst, werdet ihr morgen Hunger leiden.«

Gleich am nächsten Morgen rief Elischa alle Pfannkuchenjäger zusammen und sagte zu ihnen: »Neue Regeln! Wenn wir von heute an eine Vogelmutter auf einem Nest sitzen sehen, dann machen wir es wieder wie früher und verscheuchen sie, ehe wir die Eier nehmen. Dann kann sie wieder neue Eier legen, und wir haben Arbeit, und die Leute haben Pfannkuchen. Gott muss mich dann nicht mitten in der Nacht aus dem besten Schlaf wecken und mir sagen, ich sei ein selbstsüchtiges Schwein, und wir würden alle Nahrung, die Gott uns gegeben hat, schon heute aufessen und nichts mehr für morgen übrig lassen.« Und alle Pfannkuchenjäger nahmen die neuen Regeln an – die in Wirklichkeit ja die alten Regeln waren, die sie gebrochen hatten, um mehr Geld zu verdienen.

Als Mose die Gesetze im Gesetzbuch niederschrieb, erinnerte Elischa Mose daran, auch das Eiergesetz aufzuschreiben: *»Wenn du unterwegs auf einem Baum oder auf der Erde* *zufällig ein Vogelnest mit Jungen oder mit Eiern darin findest und die Mutter auf den Jungen oder auf den Eiern sitzt, sollst du die Mutter nicht zusammen mit den Jungen herausnehmen. Du darfst die Eier nehmen, aber du darfst nicht die Eier und die Vogelmutter nehmen.«*

Elischa war froh, denn seit dem Eiergesetz gab es immer genügend Eier für Pfannkuchen, die Vogelmütter waren froh, weil sie immer mehr Eier legten, als sie Junge versorgen konnten, und Gott war froh, weil auf diese einfache Weise ein paar Menschen gelernt hatten, heute gut mit den lebenden Wesen umzugehen, damit es sie auch morgen noch gab.

Dann trommelte Elischa ein paar Freunde zusammen, und sie machten sich gemeinsam auf die Suche nach Ahornsirup.

Das fünfte Buch Mose 22, 6

Ochsensabberbrot

Mose war ein sehr guter und ein sehr kluger Mann, aber Mose hatte ein großes Problem. Mose hörte lange Zeit nicht auf Kinder. Er dachte, dass Kinder erst groß werden und erwachsen sein müssten, ehe sie etwas Wichtiges zu sagen hätten. Immer, wenn ein Kind etwas sagen wollte, unterbrach Mose es mit den Worten: »Das verstehst du erst, wenn du groß bist.« Mose hörte nicht einmal auf seinen eigenen Sohn, Gerschom, der ein sehr gutes und kluges Kind war, aber das ließ Mose kalt. Mose fand, dass man Kinder sehen, aber nicht hören sollte, und oft genug war es Mose recht, wenn man sie weder sah *noch* hörte.

Aber dann, eines Tages, änderte sich Mose, und der Grund dafür war das »Ochsensabberbrot«. Zu Mose kamen nämlich jeden Tag von morgens bis abends Leute mit Problemen, und er sollte dann entscheiden, was zu tun sei. Eines Tages kam eine Gruppe von Müttern zu Mose, um sich zu beklagen. »Riech mal an diesem Brot!«, riefen sie und hielten Mose ein Stück Fladenbrot unter die Nase.

Mose rümpfte die Nase und sagte: »Pfui Teufel! Was ist denn das für ein Geruch?«

»Das ist der Geruch von Ochsenspeichel, lieber Mose!«, erklärte eine der Mütter. »Als unser Brot fertig war, roch es nach Ochsenspeichel, und keines von unseren Kindern will es essen. Wir finden es auch abscheulich.«

»Wie kommt es, dass das Brot so geworden ist?«, fragte Mose die Frauen.

»Komm mit zum zweibeinigen Fritz, dem Müller«, erwiderte eine von ihnen, »dann siehst du es selbst.« Also gingen Mose und die Frauen dorthin, wo der zweibeinige Fritz aus Weizen Mehl machte. Die Leute nannten den Müller den zweibeinigen Fritz, weil er einen Ochsen hatte, der ebenfalls Fritz hieß. Um sie auseinander halten zu können, nannten sie den Ochsen den vierbeinigen Fritz und seinen Herrn den zweibeinigen Fritz. Eines lernt jedes Kind, wenn es größer wird, ganz bestimmt, nämlich, dass es immer ein paar echte Dummköpfe gibt.

Auf alle Fälle sahen Mose und die Frauen, die sich über das Ochsensabberbrot beschwert hatten, bei ihrer Ankunft den vierbeinigen Fritz immer im Kreis herum auf den Steinen gehen, die die harte Hülse des Weizens knackten, damit das weiche Innere zu Mehl vermahlen werden konnte. Alle sahen das Problem auf den ersten Blick. Es war ein heißer Tag, und der vierbeinige Fritz sabberte gewaltige Mengen Speichel auf den ganzen Weizen, während er im Kreis herumging.

Mose schrie den zweibeinigen Fritz an: »Das ist ja widerlich! Binde deinem dämlichen Ochsen das Maul zu, damit er nicht den ganzen Weizen voll sabbert. Ich habe hier wichtige Entscheidungen zu treffen und kann meine Zeit nicht damit verschwenden, mich um Ochsensabberbrot zu kümmern!«

»Das mache ich nicht!«, antwortete der zweibeinige Fritz Mose. »Der vierbeinige Fritz kühlt sich durch seinen Speichel ab. Der Wind streicht über den Speichel und verschafft Fritz Abkühlung. Trocknender Speichel ist für Fritz das, was Schweiß für uns ist. Die Menschen schwitzen, Ochsen sabbern. So ist es eben! Wenn ich ihm das Maul zubinde, wird er vor Hitze tot umfallen, und deshalb lasse ich es bleiben!«

Mose sagte: »Auf alle Fälle musst du irgendeinen Weg finden, den Ochsenspeichel aus dem Brot herauszuhalten, und bitte eine bisschen dalli!« Damit stapfte Mose davon.

Gerschom, Moses Sohn, war seinem Vater nachgelaufen. Er zupfte Mose an der Hose und sagte zaghaft: »Papa, ich habe eine Idee!«

Mose streifte Gerschoms Hand einfach ab und sagte: »Sei still, Sohn, das ist ein Problem für Erwachsene. Du verstehst ganz und gar nichts davon.«

Inzwischen tat der zweibeinige Fritz alles, was in seiner Macht stand, um das Problem mit dem Sabbern zu lösen. Das Erste, was er ausprobierte, war ein Lätzchen für den Ochsen. Aber es war viel zu viel Speichel für einen einzigen Latz.

Die nächste Idee des zweibeinigen Fritz war, einen großen Regenschirm unter die Nase des vierbeinigen Fritz zu hängen, der den Speichel auffangen sollte. Das sah verheißungsvoll aus, bis der vierbeinige Fritz sich einmal schüttelte. Da flog der Regenschirm im hohen Bogen davon, und eine volle Ladung Speichel spritzte die Umgebung voll.

Der zweibeinige Fritz probierte der Reihe nach alle möglichen Ideen aus, aber nichts funktionierte. Er versuchte, den vierbeinigen Fritz durch Fächeln kühl zu halten, aber er konnte nicht schnell genug fächeln. Er versuchte, den vierbeinigen Fritz mit Wasser zu kühlen, das er eimerweise über ihn schüttete, aber das Wasser mischte sich mit dem Speichel, und der Gestank wurde noch schlimmer.

Am Ende des Tages kam Mose wieder, um nach dem Stand der Dinge zu sehen. Er fand den zweibeinigen Fritz auf den

Mahlsteinen sitzen, den Kopf in die Hände gestützt und sehr niedergeschlagen. »Tut mir Leid, Mose«, sagte er. »Mir fällt nichts mehr ein. Ich kriege meinen Ochsen und seinen Sabber nicht auseinander. Was soll ich nur machen?«

Mose dachte nach und sagte dann: »Mir fällt auch nichts ein. Ich konnte gut austüfteln, wie man das Volk aus Ägypten herausführt, aber ich habe nicht die leiseste Ahnung, wie man den Ochsensabber aus dem Brot herauskriegen könnte.«

Da zupfte Gerschom Mose noch einmal an der Hose und sagte ein wenig lauter: »Papa, ich habe eine Idee!«

Mose schob Gerschom weg und sagte: »Gerschom, du bist noch ein Kind, und du verstehst nichts davon.« Weinend lief Gerschom davon.

Mose verließ den zweibeinigen Fritz und auf dem Heimweg sah er seinen Sohn auf einem Baumstumpf sitzen. Gerschom weinte noch immer. Mose ging zu seinem Sohn und fragte ihn: »Was ist los mit dir?«

Gerschom sagte unter Tränen: »Auch ein Kind kann eine gute Idee haben! Gott hat nicht allen Grips nur den Erwachsenen gegeben. Papa, du bist so ein Holzkopf!«

Mose setzte sich neben Gerschom, legte seinen Arm um ihn und wischte ihm die Tränen ab. Mose schwieg eine Weile, und dann sagte er zu seinem Sohn: »Du hast Recht. Es tut mir Leid. Bitte sag mir, was du für eine Idee hast. Bitte.«

Gerschom schaute seinen Vater an und sagte: »Warum mahlt ihr den Weizen nicht einfach bei Nacht?« Mose dachte einen Augenblick nach und lachte dann hell auf. Er drückte Gerschom an sich, küsste ihn und lief eilends zurück zum zweibeinigen Fritz. Mose rief alles Volk zusammen und sagte: »Von nun an werden wir den Weizen in der Nacht mahlen! Nachts ist es kühler, also wird der vierbeinige Fritz nicht so viel sabbern wie in der heißen Sonne am Tage. Der zweibeinige Fritz wird dem vierbeinigen Fritz keinen Maulkorb umbinden müssen, und wir müssen kein Ochsensabberbrot mehr essen.«

Alle jubelten Mose zu, aber er winkte ab und sagte: »Ihr sollt alle wissen, dass diese großartige Idee von meinem Sohn Gerschom stammt. Er hat Recht gehabt. Ich war bisher wirklich ein Holzkopf. Ich dachte, Kinder könnten keine guten Ideen haben, aber ich hatte Unrecht. Von jetzt an werde ich auf das hören, was die Kinder zu sagen haben. Ich werde nicht immer tun, was sie sagen, aber ich verspreche, dass ich ihnen immer zuhören werde.«

Da jubelten alle Kinder und gingen zu Gerschom, klopften ihm auf die Schulter und dankten ihm. Der zweibeinige Fritz dankte Gerschom ebenfalls, und sogar der vierbeinige Fritz leckte Gerschom und verzog sein Maul zu einer Art Ochsensabberlächeln.

Von diesem Tag an schmeckte das Brot nicht mehr nach Ochsensabber, und alle waren glücklich. Und am nächsten Tag kam Gerschom mit einer ganzen Schar Kinder zu Mose und hatte eine neue Idee. Er sagte: »Papa, wir finden, dass es zu jeder Mahlzeit als Beilage Schokolade geben sollte.«

Mose lachte herzlich und laut. Er lachte, aber er hörte zu.

Das fünfte Buch Mose 25, 4

Der Briefkasten Gottes

Der geschickteste Handwerker und Künstler in der ganzen Bibel war ein Mann namens Bezalel. Wenn man jemanden brauchte, um irgendetwas herzustellen, wandten sich die Verantwortlichen *immer* an Bezalel und beauftragten ihn, es zu machen. Sogar Gott beauftragte Bezalel mit allen wichtigen Dingen, die Gott gemacht haben wollte. Bezalel fertigte einen wunderbaren siebenarmigen Leuchter aus Gold für den Tempel in Jerusalem. Jeder der sieben Kelche für das Öl und den Docht war wie eine Mandelblüte geformt, und wenn die Dochte angezündet waren, sahen sie wie kleine Glühwürmchen aus, die in sieben goldenen Blüten leuchteten.

Bezalels beste Arbeit war die Lade für die Zehn Gebote. Die Lade war aus Akazienholz und ganz mit Gold überzogen, und auf der Oberseite waren zwei goldene Engel, deren große Flügel die ganze Deckplatte beschirmten. An den beiden Seiten der Lade waren Ringe und Stangen angebracht, damit man sie tragen konnte. Das Problem bei der Lade für die Zehn Gebote war, dass Gott den Menschen befohlen hatte, sie nicht anzuschauen, weil sie etwas so Besonderes war. Einige hatten sie trotzdem angeschaut, und da war ihnen das Gesicht weggeschmolzen. Danach wollte *niemand* mehr die Lade für die Zehn Gebote anschauen. Bezalel war darüber ein wenig traurig, denn die Lade war seine beste Arbeit, aber er verstand, dass niemand sein Gesicht einbüßen wollte.

Weil Bezalel so tüchtig war, waren die anderen Künstler und Handwerker eifersüchtig auf ihn. Einige sagten hinter seinem Rücken: »Natürlich macht Bezalel großartige Sachen, aber Gott gibt ihm alle seine Entwürfe ein. Bezalel muss sie dann nur noch ausführen.«

Bezalel war es gleich, was die Leute redeten. Er war zufrieden, wenn Gott die ganze Ehre bekam. »Ich leihe Gott nur meine Hände«, sagte Bezalel gern. Aber Gott war nicht glücklich darüber, dass Bezalel nicht genug Anerkennung für seine Arbeit erhielt, und deshalb tat Gott schließlich etwas, was sogar für Gott äußerst ungewöhnlich war. Gott schrieb einen Wettbewerb aus. Eines Tages sahen die Menschen viele Blätter Papier vom Himmel herabschweben, und auf jedem Blatt stand diese sehr merkwürdige Aufforderung:

Macht mir einen Briefkasten! Nehmt euch
eine Woche Zeit dafür.
Unterzeichnet
Gott

Alle waren ganz aufgeregt und rannten eifrig los, um Gott einen Briefkasten zu bauen; sie zeichneten und hämmerten und nagelten und malten. Alle großen Künstler arbeiteten im Verborgenen. Sogar die Kinder machten Briefkästen für Gott. Alle dachten, sie hätten eine Chance, den besten Briefkasten für Gott anzufertigen, weil Gott keine Anordnungen für die Machart gegeben hatte.

Die Woche war so schnell vorbei, dass nicht alle bis zur Morgendämmerung des letzten Tages ihren Briefkasten fertig hatten, und da sollte entschieden werden, wer den Wettbewerb gewonnen hatte. Alle, die mit ihrem Briefkasten fertig waren, hielten ihn noch verhüllt, damit niemand ihn sehen konnte, nur

Dagliel zeigte jedermann bereitwillig seine Entwürfe. Einer von Dagliels Briefkästen war ein Fisch, der an einem Stock steckte. Der war aber nicht zu gebrauchen, weil der Briefkasten nach ein oder zwei Tagen zu stinken begann. Ein zweiter Entwurf bestand in einem großen blauen Briefkasten mit Flügeln. Der war aber auch nicht zu gebrauchen, weil Dagliel keine Idee hatte, wie er die Flügel bewegen könnte.

Als der Wettbewerb richtig anfing, war der Erste, der seinen Entwurf für einen Briefkasten Gottes zeigte, der Weinbauer Ziptor. Ziptors Briefkasten bestand aus einer ganzen Traube traubenfarbiger Luftballons, die alle mit einer Schnur an einen Briefkasten gebunden waren, der auf beiden Seiten die Aufschrift GOTT trug. Von den Schnüren hing auch eine Karte herunter, auf der stand:

> Lieber Gott,
> die Gebete und Briefe in diesem Briefkasten sind von Ziptor, dem Weinbauern, zu dir emporgeschickt worden. Warmer Sonnenschein und lauer Regen auf unsere Weinberge sind uns sehr willkommen!
> Viele Grüße,
> Ziptor

Ziptor war sehr stolz auf seinen Entwurf und sagte: »Mein Briefkasten mit der Luftballon-Traube wird Gebete und Päckchen schneller zu Gott bringen, als es auf irgendeinem anderen Weg möglich wäre. Ich werde bestimmt gewinnen.« Dann ließ Ziptor die Luftballons los, und sie schwebten mit dem Briefkasten in den Himmel hinauf. Aber die Vögel pickten nach ihnen, weil sie sie für riesengroße Trauben hielten, und sie platzten. Ziptors Briefkasten stürzte auf die Erde herab.

Dann enthüllte Baruch, der Schildermaler, seinen Entwurf

für einen Briefkasten Gottes. Es war ein viereckiger Kasten mit einer roten Fahne obendrauf und riesigen Schildern auf allen vier Seiten. Auf einem Schild stand: ESST ZIPTORS TRAUBEN UND HOLT EUCH EINEN LUFTBALLON ALS GESCHENK. Auf einem anderen hieß es: URLAUB IN JERUSALEM? STEIGT IM GRANDHOTEL JERUSALEM AB! JEDES ZIMMER MIT EIGENEM KAMEL! Baruch erklärte, die Schilder seien eine neue Idee, die er entwickelt habe und die man Werbung nenne. Er sagte: »Ich denke, es werden sehr viele Menschen zum Briefkasten Gottes kommen, und alle werden die Schilder sehen. Ich habe einen Teil der Fläche auf dem Briefkasten an Personen verkauft, die den Leuten, die zu Gottes Briefkasten kommen, etwas verkaufen wollen.« Niemand glaubte Baruch, dass die Leute etwas nur deshalb kaufen würden, weil sie es auf einem hübschen Schild angepriesen sahen.

Dann kam Oholiab an die Reihe. Als er das Tuch von dem Briefkasten abzog, den er für Gott entworfen hatte, hielten die Menschen die Luft an. Manche brachten kein einziges Wort heraus. Einige murmelten nur: »Ah! Toll! Sagenhaft!« Oholiab hatte einen goldenen Turm gemacht. Der Turm war mit Fähnchen und Glöckchen geschmückt und rundherum mit kleinen geschnitzten Tieren und Blumen verziert. Er hatte kleine Borde und Schubladen und Schlitze und Klammern für Briefe und Päckchen, und das Ganze schimmerte und klang im Wind wie eine große Glocke. Niemand hatte je etwas Schöneres gesehen. Manche sagten sogar: »Er ist noch schöner als die Lade, die Bezalel für die Zehn Gebote gemacht hat«, aber da keiner von ihnen die Lade je gesehen hatte, konnten sie das gar nicht wissen. Alle waren sich einig, dass Oholiab gewiss den Wettbewerb für den Briefkasten Gottes gewinnen werde und dass nicht einmal der große Bezalel den goldenen Briefkastenturm von Oholiab übertreffen könne.

Dann entfernte Bezalel die Umhüllung von seinem Entwurf. Die Leute brachen in Gelächter aus. Bezalel hatte Steine aufeinander geschichtet, einfach gewöhnliche Steine! Er hatte sie nicht einmal behauen oder geglättet. Er hatte sie einfach zu einer Art Tisch aus unbehauenen Steinen zusammengefügt. »Hübsche Steine!«, rief jemand Bezalel zu. »Wirklich hübsche Steine. Du hast dir nicht einmal Zeit genommen, sie so zu behauen, dass sie richtig zusammenpassen. Was soll das? Wohin tust du die Gebete und die Briefe an Gott? Dein Briefkasten ist ein Witz!«

Bezalel wartete, bis sich das Gelächter gelegt hatte, und sagte dann ruhig: »Ich habe Gottes Briefkasten aus vielen Gründen aus unbehauenen Steinen gemacht.

Ich glaube nicht, dass Gott einen Briefkasten braucht, der durch die Luft fliegt, deshalb habe ich ihn aus einem Material gemacht, das Teil der Erde ist. Das wird die Menschen lehren, dass Gott nicht nur dort oben im Himmel ist, sondern auch hier unten, wo wir leben.

Ich habe den Briefkasten Gottes nicht aus Gold gemacht, weil nur die Worte Gottes an uns in einer vergoldeten Lade ruhen sollten, nicht unsere Worte an Gott. Wir haben schon eine goldene Lade für die Worte Gottes, und das genügt.

Ich habe den Briefkasten Gottes nicht zu einer Stätte gemacht, an der etwas verkauft wird. An Gottes Briefkasten sollten wir uns darauf besinnen, mit dem glücklich zu sein, was wir haben, und nicht dazu überlistet werden, mehr zu wollen.

Aber vor allem habe ich beschlossen, den Briefkasten Gottes aus unbehauenen Steinen zu machen, um die Menschen zu lehren, dass das, was für Steine gilt, auch für Menschen gilt. Mit unbehauenen Steinen bauen ist schwerer als mit Steinen zu bauen, die man so behauen hat, dass sie zusammenpassen, aber es ist besser, weil man dabei jedem Stein seine eigene Form lässt und nicht seine Kanten abhaut, um ihn anzupassen. Mit den Menschen ist es genauso. Es ist schwerer und dauert länger, Menschen zu lehren, wie sie zusammenarbeiten können, anstatt sie einfach herumzukommandieren und sie Dinge tun zu heißen, die sie nicht verstehen. Menschen, die so zusammenpassen, dass sie etwas Großes leisten können, sind sogar noch schwerer zu finden als Steine, die so zusammenpassen, dass man einen Briefkasten für Gott aus ihnen machen kann. Aber es ist besser, auf die Passenden zu warten.

Diese unbehauenen Steine erinnern uns daran, dass die besten Dinge, die wir in dieser Welt bauen, die Dinge sind, die alles unversehrt lassen. Gott gibt jedem von uns spezielle Kanten und spezielle Begabungen, die keinem anderen Menschen in der ganzen weiten Welt gegeben werden. Auch Steine sind unterschiedlich, bis sie behauen werden. Aber wenn wir unsere Kanten behalten und das Beste aus unseren Begabungen machen, dann ist jeder Einzelne von uns Gottes Briefkasten.«

Als Bezalel zu Ende gesprochen hatte, schwiegen die Menschen lange. Einige weinten und einige nickten und einige sagten einfach: »Ah! Toll! Sagenhaft!«

Dann sagte Oholiab: »Bezalel, wir haben uns in dir getäuscht. Wir haben gedacht, du hättest nur wunderbare Hände. Aber du hast auch ein wunderbares Herz. Du kannst jederzeit für uns Dinge bauen.«

Dann legten die Menschen ihre Briefe und Gebete auf den Briefkasten Gottes, und jeder Brief und jedes Gebet wurde beantwortet.

Das fünfte Buch Mose 27, 5–6

Epilog

Die Regenbogenmenschen

Jeden Tag rettet Gott die Welt um *eines* guten Menschen willen. Denn wisst ihr, an jedem Tag, an dem Gott sich anschaut, wie katastrophal wir mit unserer Welt umgehen, sieht Gott jede Menge Gründe, eine neue Welt mit neuen Menschen darin zu erschaffen. Gott sieht, dass überall in der Welt verletzt und gestohlen, gelogen und betrogen wird, sieht Kinder verhungern und ganze Familien auf der Straße schlafen, sieht Kriege und Umweltverschmutzung, sieht Mord und Totschlag ohne Ende. Jeden Tag sieht Gott viele gute Gründe, eine neue Welt mit neuen Menschen zu erschaffen.

Nun hat Gott ja schon einmal fast alles Leben auf der Erde ausgelöscht. In den Tagen Noahs hat Gott eine große Flut geschickt, aber nach der Flut hat Gott versprochen, nie mehr eine solche Sintflut zu schicken. Gott hat Noah jedoch nicht versprochen, nicht alles Leben auf der Erde auf irgendeine *andere* Weise auszulöschen. Gott hat Noah nicht versprochen, dass nicht eine Feuersbrunst oder ein schweres Erdbeben alles Leben auf der Erde vernichtet. Und Gott hat Noah auch ganz bestimmt nicht versprochen, dass nie ein gigantischer Asteroid aus Schokoladenpudding mit der Erde zusammenstößt und alles so dick mit Schokoladenpudding überzieht, dass die Welt einfach zugeklatscht wird. Gott hat Noah nur versprochen, dass nie mehr eine Sintflut kommt. Das ist *alles*, was Gott Noah versprochen hat.

Jedenfalls sieht Gott jeden Tag all das Schlechte in der Welt und beschließt, sie zu zerstören, aber dann geschieht noch etwas anderes. Jeden Tag sieht Gott einen guten Menschen irgendetwas Gutes tun. An manchen Tagen sieht Gott einen guten Menschen einen Streit schlichten oder ein Kind vor dem Feuer retten oder Hungernden etwas zu essen geben oder einer armen Familie ein Haus bauen. An manchen Tagen sieht Gott einen Vater oder eine Mutter, die ihr Kind in den Arm nimmt, oder Gott sieht ein Kind, das einige Kleider, die es nicht unbedingt braucht, Kindern gibt, die kaum etwas zum Anziehen haben. Wenn Gott irgendeinen von diesen guten Menschen diese oder andere gute Taten vollbringen sieht, dann denkt Gott: Es wäre nicht recht, diese Güte zusammen mit all der Schlechtigkeit auszulöschen. Ich werde die Welt heute wegen der guten Tat dieses Menschen retten. Und so geht es Tag für Tag.

Die Sache hat nur einen einzigen Haken: Gott hat beschlossen, dass jeden Tag ein *anderer* guter Mensch die Welt retten muss. Ein guter Mensch kann die Welt retten, aber nur für einen Tag in seinem ganzen Leben, und dieser gute Mensch weiß nie, an welchem Tag seine gute Tat die Welt gerettet hat. Es ist nicht wichtig, dass er das weiß – es ist nur wichtig, dass Gott das weiß. Und Gott weiß, dass an *diesem* Tag *dieser* Mensch Gott den entscheidenden Grund dafür geliefert hat, die Welt mit all ihrer Schlechtigkeit noch einen Tag leben zu lassen und den gigantischen Asteroiden aus Schokoladenpudding daran zu hindern, die Erde zuzuklatschen. Das also ist der Haken: *Jeder gute Mensch kann die Welt nur für einen Tag retten.*

Weil das Jahr dreihundertfünfundsechzig Tage hat, braucht

die Welt jedes Jahr dreihundertfünfundsechzig gute Taten vollbringende Menschen zu ihrer Rettung. Und weil Gott seinen Bund mit Noah mit einem Regenbogen besiegelt hat, nennt Gott die guten Menschen, die die Welt retten, die Regenbogenmenschen.

Nach Noah gab es Tausende und Abertausende von Regenbogenmenschen, deren gute Taten die Welt retteten. Gleich nach der Sintflut waren die Mitglieder von Noahs Familie die Regenbogenmenschen, die die Welt für eine Weile retteten, meistens, indem sie Tieren halfen, die im Schlamm stecken geblieben waren, und indem sie sich gegenseitig halfen, auf der langsam trocknenden Erde Nahrung zu finden. Später wurden ihre Kinder und die Kinder ihrer Kindeskinder Regenbogenmenschen, und sie verbreiteten sich über die ganze Erde, so dass es mit der Zeit in allen Ländern Regenbogenmenschen gab, die Gutes taten. Und in jeder Religion und unter den Menschen jeder Hautfarbe und bei beiden Geschlechtern und bei allen Arten von Menschen, die man sich überhaupt vorstellen kann, gab es genügend Regenbogenmenschen, dass die Welt jeden Tag durch eine gute Tat gerettet werden konnte.

Mose war ein Regenbogenmensch. Er rettete die Welt an dem Tag, als er die Schafe seines Schwiegervaters Jitro hütete und eines der Schafe von der Herde wegrannte. Mose lief dem Schaf nach, aber die anderen Schäfer sagten: »Lass dieses eine laufen, Mose. Es wird schwer sein, es wieder einzufangen, und der Rest der Herde braucht dich. Das eine ist die Mühe nicht wert. Es wird Futter für den Wolf sein. Lass es laufen.«

Aber Mose hörte nicht auf die anderen Schäfer. Er ging dem verirrten Schaf nach und brachte es zu seiner Mutter zurück. An diesem Tag schaute Gott Mose zu und sagte: »Weil Mose dieses eine Schaf so wichtig war, weiß ich, dass Mose mein *ganzes* Volk wichtig sein wird. Mose soll der Mann sein, der mein Volk aus der Sklaverei in Ägypten herausführt, und weil er in seiner Güte das verirrte Schaf gesucht hat, werde ich heute die ganze Welt retten.«

Jesus war ein Regenbogenmensch. Eines Tages ging Jesus zu einer Frau, mit der niemand sprechen wollte. Sie hatte etwas Schlechtes getan, aber es tat ihr Leid. Jesus wurde ihr Freund, und weil die Menschen Jesus liebten, verziehen sie der Frau und waren wieder freundlich zu ihr. An diesem Tag rettete Gott die Welt wegen Jesus.

Buddha war ein Regenbogenmensch. Eines Tages gab Buddha alles, was er besaß, den Armen und wurde selbst arm, damit alle Menschen leichter lernen konnten, dass nicht das zählt, was man hat, sondern das, was man ist. An dem Tag, an dem Buddha all seinen Besitz hergab, rettete Gott die Welt wegen Buddhas.

Mohammed war ein Regenbogenmensch. Eines Tages wurde Mohammed gefragt, welches die wichtigste Lehre Gottes sei, und er nahm den Frager auf der Stelle mit zu einem Hungernden, dem er etwas zu essen gab, und an diesem Tag, als Mohammed den Hungernden speiste, rettete Gott die Welt wegen Mohammed.

Mose, Jesus, Buddha und Mohammed waren sehr berühmte Regenbogenmenschen. Ganze neue Religionen entstanden aus ihren Lehren und aus ihren guten Taten, aber erinnert euch an Gottes Regenbogenregel: *Jeder gute Mensch kann die Welt nur für einen Tag retten.* Das heißt, dass es an allen Tagen und in all den Jahren, die die Welt gesehen hat, an jedem einzelnen Tag einen Regenbogenmenschen gab, dessen gute Tat die Welt gerettet hat. Manche von ihnen waren berühmt – wie Mose, Jesus, Buddha und Mohammed – und manche waren einfach gewöhnliche gute Menschen, die gewöhnliche gute Taten vollbrachten, aber für Gott ist keiner dieser Menschen und keine ihrer Taten gewöhnlich. Sie sind es, die die Welt erhalten.

Und jetzt kommt die gute Nachricht: *Auch ein jeder von euch kann ein Regenbogenmensch sein!* Gott braucht jeden Tag einen anderen Regenbogenmenschen und eine andere gute Tat, damit die Welt erhalten bleiben kann. Wenn du also das nächste Mal Gelegenheit hast, einen Streit zu schlichten oder einem Hungernden etwas zu essen zu geben oder ein Tier zu retten oder einen Menschen zu umarmen, der keine Freunde hat, oder deine Eltern zu küssen oder andere mit deinen Spielsachen spielen zu lassen oder im Winter jemandem eine Decke oder einen Mantel zu geben, der in der Kälte draußen friert, oder zu versuchen, etwas gegen das Morden unter den Menschen in einem fernen Land zu tun, wo du niemanden kennst, oder eine leere Bierdose aufzuheben und zu einer Recycling-Stelle zu bringen oder jemandem zum Geburtstag ein Lied zu singen, der viele Jahre keines gehört hat, oder deine Mutter anzurufen, ohne irgendetwas anderes von ihr zu wollen, als ihr zu sagen, dass du sie lieb hast und dass du ihr nie genug danken kannst, dass sie dich zu einem guten Menschen erzogen hat, oder jemanden davon abzuhalten, die Hoffnung aufzugeben, dass morgen ein besserer Tag sein wird – wann immer du eines davon tust oder sogar noch mehr, dann bist *vielleicht* du der Regenbogenmensch, dessen gute Tat an diesem Tag die Welt vor dem riesengroßen Asteroiden aus Schokoladenpudding rettet, der nur darauf wartet, die Welt an dem

Tag zuzuklatschen, an dem es keine Regenbogenmenschen mehr gibt.

Gib also niemals auf, verliere nie die Hoffnung und vergiss nie:

Jeden Tag rettet Gott die Welt wegen eines guten Menschen, und dieser gute Mensch bist heute vielleicht *du.*

Das erste Buch Mose 6, 9

Marc Gellman ist ein Rabbiner, der die Menschen liebt, im Fernsehen eine erfolgreiche Sendung über religiöse Fragen moderiert und viel Zeit damit verbringt, zu beten und anderen Menschen zu helfen. Er ist Rabbiner in einer Synagoge namens Temple Beth Torah auf Long Island. Er ist verheiratet und hat zwei Kinder namens Max und Mara: Mara besucht in Colorado ein College, Max geht noch auf die Highschool. Mara malt hervorragend und Max spielt Saxophon. Sie haben einen kleinen weißen Hund, der Willie heißt und viele Fische. Marc Gellman ist ein großer Geschichtenerzähler. Er ist auch Doktor der Philosophie und unterrichtet am College.

Von ihm sind bereits zwei Bücher im Carlsen Verlag erschienen. **Wie buchstabiert man Gott?** und **Wo wohnt Gott?** Beides Bücher, die Antworten auf Fragen zu Religion und Glauben geben.